天下雜誌出版
CommonWealth
Mag. Publishing

失去妳以後，我也成為了媽媽

基隆游太太 Echo——著

獻給我們的媽媽。

各界感動推薦

親人的離開是一生的潮濕，我們依舊笑，依舊過日子，然後在某個措不及防的瞬間又被思念偷襲——這本書，就是這樣一本笑中帶淚，在晴天返潮的真情書。

羊咩老師／新北市南山中學國文科教師

在臨床工作中，我總是從心理學的角度，進入喪親者的故事中，但Echo卻是在喪母之後點點滴滴的生命經驗中，將發自內心深處的低吟與低吼，化作文字，重新梳理自己在傷痛中的療癒歷程。相信所有經歷喪親之痛的人，都能在這本書中找到依靠，發現失去至親的痛，原來並不孤單、並非獨自承受；所有「喪母俱樂部」的成員，都在閱讀中，找到共鳴，相互為伴。

林維君／柳營奇美醫院血液腫瘤科臨床心理師、心之整理對話學院創辦人

這是一本帶著哭點、讀來詼諧又細膩的書。作者用幽默坦率的筆調，寫下從失去母親到自己也成為媽媽的心路歷程。讀著讀著，可能會鼻酸，也可能會心一笑。作者從一開始的巨大悲傷，到自己也成為媽媽後，才發現心裡有好多話想跟媽媽分享，有關當媽的心情。雖然媽媽已經不在，卻找到媽媽所傳承的力量，明白了：「這不是告別，而是一種全新的陪伴方式。媽媽或許不會再像從前一樣出現在面前，但她的愛已經變成你的一部分，繼續留在你的生命裡，成為你的力量。」

潔媽／作家

讀的時候很心疼，又帶點幽默的笑。療傷的路很孤獨，而謝謝游太太願意寫出來，讓自己和同樣孤獨的人被光灑亮。沉重只要被看見，就會輕了一點。我們讀了文字，心中的傷口也會被溫柔上藥。

柚子甜／心靈作家

我一開始以為這本書會是母女間的智慧警語回憶錄，或要準備很多面紙才能讀完的悲傷平復工具書，但都不是。作者筆觸平易近人、細膩而深刻。母親為她的生命留下的記憶紅利可以綿延、可以複製、可以再造及不斷創新，在她與家人的世界裡。

石舫亘／一起網路科技創辦人

基隆游太太不像基隆那麼多雨，有一枝淡筆專寫濃情。即使悲傷至極，也不忘自我調侃，本想與她同聲一悲，不料又讓我把淚逼回眼眶裡，笑了，笑到飆淚。

劉雲英／作家

在育兒的時間縫隙中，發了瘋似追完這本書。同為女兒、母親，游太太的文字讓我哭了又笑，笑了又哭。可惡，實在太多讓人產生共感的地方了，可以這樣玩弄讀者的淚腺嗎？

面對生命裡遭逢的重大創傷，游太太選擇直球對決，把傷口打開來看個仔細，再佐以真切的文字記錄下這一切。感謝她過人的勇氣，才有這本精采的作品誕生。我想，在打下那些動人文字的瞬間，游太太也正在走向屬於自己的治癒之旅吧。（最後想說，雖然書裡游太太常說想殺夫，可是她每次描述游先生還是充滿粉紅泡泡啊！）

荔枝小姐／親子 KOL、專欄作家

從她還是朱小姐，到後來變成游太太、游媽媽，我跟這位小姐相識已經將近十年，然後在這幾年因為她生了龍哥，我也莫名其妙的變成乾阿爸。用幽默來掩飾內心的恐懼一向是她的特長，關於她出了這本紀念母親的書，我真的只能說這個人腦袋到底都裝了什麼！

這是一本讓你看了會哭會笑的書，強力推薦你來看看，有笑有淚，也有很白痴的一面，至於我說的是什麼，等你好好閱讀這本書之後，就會找到答案。

Gary Tung／雋茗廚房

自序

二〇一六年八月，鳳凰花季已過，我在酷暑中送走了母親。她的人生定格於此，而作為女兒，我的人生必須繼續前行。

沒有人告訴我，悲傷的期限應該是多久。喪母三天後，我回到辦公室整理倉促擱置的工作，大家勸我：「妳應該好好在家休息！」然而，三個月後，當我仍深陷悲痛時，大家又說：「某某某就很堅強，妳也要加油啊。」

人們似乎對悲傷有一套不成文的「時限」。幾天似乎不夠？幾個月是不是太久？人都走了一年了還無法走出來，會不會太脆弱？但悲傷從不是一場可以準時結束的旅程，它有自己的步調。對我而言，悲傷有許多形態，可能是抓著棉被無聲地嚎哭，可能是看到月亮時莫名啜泣，也可能是在生活各處的小細縫中突如其來的淚水。每個階段如同潮水，有時退去，有時洶湧，但從未完全消失。

或許我比較傳統。古人父母過世，子女需守喪三年，我也花了三年才讓自己恢復正常。喪母後，我因情緒低落而離開職場，透過旅行找回幽默感，逐漸成為收入穩定的自由工作者。當鮮明的記憶逐漸淡去，才發現悲傷已成為一道疤痕。

這些年，最想念媽媽的是什麼呢？

說真的，媽媽燒得一手好菜，但我其實沒有特別懷念她的客家菜。她很會帶小孩，我也不至於遺憾沒能利用她的「專長」。然而，我常常想和她聊天。不是什麼攸關人生的話題，只是那些瑣碎平凡的日常閒聊。

沒有媽媽的日子裡，無論發生了什麼快樂或悲傷的事，我都會想：「啊，好想跟媽媽說啊。」

以前，深夜回家時，我總是興致勃勃地把睡夢中的她叫醒，嘰嘰喳喳地講述自己發生的事情。有時我們也會意見不合、不歡而散，比如說，媽媽回應得少，我會嫌她無聊，不說了；但若她感興趣，我也可能不耐煩地說：「問那麼多幹嘛，妳又不懂。」

我想念而無法再現的，就是這些平凡至極的場景。曾經讓我嫌煩、嫌無聊的片刻，如今卻成為我最渴望重溫的時光。而這本書，就是一個女兒想告訴媽媽，失去她之後，自己所經歷的種種事情。這不是煽情的告白，而是日常中那些瑣碎卻深刻的片段。

當我也成為媽媽

多年來，我在社群媒體上分享了部分喪母的經歷，許多朋友和粉絲因此向我傾訴他們類似的傷痛，大家的疑問似乎都相似：質疑自己是否過於脆弱？為什麼別人看起來更堅強？

我一直想整理自己的喪母歷程，但始終無法直視這道傷口，因而一再擱置。直到喪母五年後，我抱著剛出生幾個月的孩子，正經歷育兒的挑戰，突然靈光一現，覺得「或許現在是時候了」。

因為成為母親後，我更常想到媽媽。每當孩子夜裡哭鬧，或在育兒中感到無助時，我經常在心中與她對話，試圖從中找到安慰和指引。或許因為在心裡已經無數次與媽媽傾訴，我終於不再害怕提筆寫下她，這本書也因此正式展開。

身為專業的文字工作者，我的寫作速度其實很快，但要剖析自己內心最深處的情感卻截然不同。寫太少怕觸及不到內心深處，寫太多又像是裸體在街上狂奔。於是，我花了兩三年，反覆修改，在日常稿件與育兒瑣事之間，一點一滴拼湊出我從悲傷中學到的事。

那麼，悲傷到底讓我學會了什麼？

如果現在有人問我，悲傷的期限應該是多久，我會回答：「是你喪親嗎？不是的話，關你什麼事。是的話，你想悲傷多久，就悲傷多久。」

因為悲傷沒有標準答案。有人幾個月後就能笑著提起逝者，有人卻在多年後因為一首歌、一道菜再次落淚。悲傷不是一條需要跨越的終點線，而是一直隨行的影子。它不會離開，而是變得柔和。

悲傷教會我的，不是堅強，而是溫柔。讓我明白，有些問題永遠沒有解答，有些告別永遠無法準備好。它提醒我，曾經擁有過多麼珍貴的愛與牽絆。

對我而言，悲傷就像一塊疤痕，也許不好看，但足以讓我記得那個願意用生命愛我的人。現在，輪到我將這份愛，傳遞給我願意用生命去愛的人。

這就是我的故事，一個失去母親的女兒，如今也成為了母親。

基隆游太太（Echo）

目錄
Contents

各界感動推薦 3
自序 8

Part 1
母後七日
那個佛經有點吵 22
撿到的三年半 26
請用溫開水 30
一生只有一次 35
我是為你好？ 40
告別式，是悲傷的起點 44
【喪母筆記 01】嗨！這裡是喪母俱樂部 50

Part 2
萬丈深淵
都是月亮惹的禍 56
妳老公怎麼這麼難相處 60

為什麼我沒有感覺 65
妳是我的穩定器 70
我這麼努力，為什麼妳還是死掉了？ 76
再見，記者人生 80
【喪母筆記 02】悲傷就像 Wi-Fi，信號時強時弱 84

Part 3
破曉時分

………小孩永遠是對的？ 90
按摩教會我的事 96
一位女作家之死 101
被記得，就存在 106
出書罵媽媽才是正經事 112
喪母俱樂部 118
【喪母筆記 03】請記住，你可以求救 124

Part 4

後來，我也成為媽媽

外婆的內線消息 130
新加坡的魚尾獅 135
血型世紀之謎 141
我可是妳的女兒！ 147
妳還是死掉好了 153
我也當媽媽了 158
【喪母筆記 04】糟了，這關怎麼沒攻略？ 166

Part 5

新手媽媽上路

賀爾蒙大怒神 172
佛系母奶人生 177
該死的新冠肺炎 182
第一次帶嬰旅行就失敗 187
媽媽群組之必要 192
我是如此愛妳 199
【喪母筆記 05】站在她曾站過的位置 206

Part 6

養兒方知……？

像妳那種媽媽 212
像我這種媽媽 217
我們同一國 222
愛的真諦 227
遺傳是個迴力鏢 233
媽媽，妳想外婆嗎？ 238
今天我媽忌日 242
【喪母筆記06】她其實未曾離開 248
後記 250

那一天，並非毫無預警，
但就這樣來了。
妳離開這世界的那天。

Part 1

母後七日

「媽媽現在應該在房間的某一處看著我們吧？」弟弟說。八月的酷暑，姊姊、我跟弟弟三個人卻都穿著連帽的外套，坐在妳已經沒有呼吸的身體旁邊，一邊發抖、一邊喝著不知道誰去買的珍珠奶茶。

妳的身體躺在床上，上頭覆蓋著黃澄澄的往生被，頭頂附近則擺著一台念佛機，禮儀師臨走前交代我們，人往生之後，家屬如果能在原地念佛八個小時，便可以幫助往生者登向極樂世界，他還交代我們把房間裡的冷氣開到最強，以免妳的身體在炙熱的夏天太快「壞掉」。

冷氣有夠強，奶茶應該去冰的，我想著，突然覺得妳應該真的在某處用手指頭指著我們碎念，人才剛斷氣，我們三個不孝子女就忘了替妳也準備一杯妳最愛的珍珠奶茶。

至今我已不記得，到底是誰在媽媽過世時還有心情跑去買手搖飲料？但其實，母後七日荒謬的事情絕對不止這一樁……。

那個佛經有點吵

那是農曆七月十四號的早晨。

前晚妳的狀況非常不好，我在娘家陪妳睡了一晚。早上十點多我突然驚醒，那是一種很難形容的奇異感受，空氣彷彿凝結般滯悶，好像伸手就能在空中擰出水來。

太安靜了。

妳持續整晚的喘氣聲消失了，我伸手探探妳鼻息、戳戳皮膚……不會吧……。

「快起來！媽媽好像死掉了！」我趕快把弟弟叫醒，其實很可笑，當時妳已經停止所有治療、返家安寧快一個月了，我們心知肚明妳隨時都可能會走，但這件事真的發生以後，我還是不可置信地加了「好像」兩個字。

我開始在腦海中回想前幾天擬定的ＳＯＰ。

家人往生應該是一件隆重而嚴肅的事情，所以我事先擬定了對應計畫：妳往生以後，要先打給賣我們靈骨塔的業務，她會幫我們聯絡禮儀師，然後我要趕快把冷氣打開、幫妳換上老早就挑好的衣服，這套衣服將陪著妳的身體直至灰飛煙滅。

不過我沒想到規劃跟執行完全是兩回事啊。理想中應該要優雅而肅穆的更衣環節，被我們執行得慘不忍睹，瘦小的妳身體變得好重好重，四肢也軟趴趴地不聽使喚，這完全不是我們熟悉的人體，感覺很像在抓滑溜溜的泥鰍。啊，算了啦，現場只有我們三個人，而且妳已經死掉了，應該沒差吧？我跟弟弟手忙腳亂又狼狽地完成這一局。

「把媽媽身上的管子拔下來，這樣媽媽才能無病無痛地離開。」謝天謝地，禮儀師火速趕到現場，但他下達的第一條指令就讓我們陷入沉默。先前妳還在醫院接受治療的時候，醫生為了幫助妳排出膽汁，建議我們在妳的肚子裝一條引流管，現在這條管子已經沒有作用了，確實需要移開，但，問題是，誰來做？

我立刻推了弟弟一把，嘿，誰叫他是我們家唯一的男丁。看著弟弟極其小心地把管子抽出來，我在心裡倒吸一口氣，哎，看起來好痛，有種指甲刮著黑板那種全身起雞皮疙瘩的感覺。

接著，禮儀師熟練地對妳鞠躬、念起往生咒、蓋上往生被，並且把念佛機放在妳的耳朵旁邊，按下開關。

「南～無～～阿～彌～陀～～～佛～～～～～～」念佛機品質很好，音量有夠大聲，我提出了需求：「請問念佛機可以放在離她遠一點的地方嗎？」

禮儀師覺得我的要求很奇怪，好像我是個不受教的信徒，但還是意思意思地把念佛機放在離妳稍遠的床頭櫃上。欸，我還不是為了妳？前幾天妳在沙發上痛苦呻吟，我實在不知如何幫妳舒緩，上網搜尋如何替臨終之人減輕痛苦，並且照著指示用手機播放佛經給妳聽。

聽著聽著，妳突然緩慢地睜開眼、努力撐起身體，好像想要講什麼事情，我跟姊姊心想，喔喔喔~媽媽要交代遺言了，會不會要跟我們說存摺偷藏在哪裡？趕忙湊過去，結果妳很努力、很艱難地說：

「那個……好像有點吵……。」

……算了，妳是我媽欸，我怎麼會期待妳有什麼重要遺言。好了，我知道妳覺得很吵，關掉、統統關掉。在此時此刻我突然有了一個荒謬的感悟，我之所以是一個這麼不受教的女子，八成是被妳遺傳吧。

撿到的三年半

據說人死後，靈魂必須花上八個小時才能完全脫離肉體，因此，這八個小時不能隨意移動往生者的身體，家屬最好在附近虔誠持咒，協助亡者通往西方極樂世界。

可能因為我們沒有認真念經，那八個小時可以說是人生中最漫長的時光。盛夏時節，儘管冷氣已經開到最強，禮儀師還是提醒我們，如果往生被上面濕濕的，就是媽媽的身體出水了，要立刻停止助念，送往殯儀館。於是，我們三個小孩輪流以不同組合進到房間跟妳講話，因為覺得等到出水才發現好像就太慢了，有事沒事，我們還會手賤地掀起往生被看一下。

「喔，看起來沒事。」然後順便把頭湊近妳的面容跟妳說說話。

其他親友也陸續知道妳離開了。爸爸打電話通知妳的娘家，我們三個小孩也紛紛向公司告假，其他人嘴裡吐出的「請節哀」三個字，好像一個一個透明的泡泡，聽得到、聽得懂，但是感覺不到，妳真的離開了。

我想起一開始。

二十九歲那一年，妳要動手術摘除一顆卵巢腫瘤，婦科疾病嘛！應該沒什麼嚴重的問題，那時候的我在財經雜誌當記者，肯拚命、表現不錯、算是得主管喜愛，任性地請了半個月的假飛到德國度假，打算度完假再回台灣陪妳手術。

那個假期非常愜意，每天都放肆地一口酒、一口肉，還在慕尼黑的獅子石像前醉醺醺地拍了一支影片，祈禱母親手術順利。只是從踏上回程的那一刻起，一切變了樣。

第一段從法蘭克福到河內的班機，足足 delay 了七個小時，我因此錯過第二段河內回台北的飛機，也錯過陪妳辦理住院手續與開刀前的種種檢查。掐準時間在家族群組裡發問檢查狀況，卻沒有人回覆我，我隱隱覺得，好像……有什麼不尋常的事情發生了。

飛機一落地，我連忙打電話逼問姊姊，才知道妳根本不是卵巢瘤，而是大腸癌。肚子裡的那顆瘤超級大，直徑十幾公分，如果爆掉，大概就立刻上西天了。

我心裡想著，靠！這太戲劇化了吧？村上春樹的小說《1Q84》中，女主角青豆在高速公路回堵的車陣中，決定從維修樓梯攀爬而下，就是那個決定，當她回到地面，世界卻無痕地連接到另一個平行宇宙了。那一陣子，我常覺得自己像是青豆，但怎麼找不到回去原本世界的路。

我拉著行李箱在朋友家大哭一場，把眼淚擦乾以後回家對著妳拍拍胸脯說：「沒關係！世界上得癌症的人那麼多，我幫妳找最好的醫生！一切交給我！」但我其實是個大說謊家，因為我根本不知道該怎麼辦，隔天一早哭哭啼啼地四處求爺爺告奶奶，還真的讓我找到名醫，火速替妳開刀。

當時，醫生說，妳的癌細胞已經擴散全身，大概只能再活一年吧，但最後妳竟然撐了四年半。那段日子，爸爸不再經常加班，我們一起去了很多地方旅行，故事的最高潮，大概是妳如願看到脾氣最差的小女兒（我本人）嫁給了來自基隆的游先生。

說實話，我們真的算很幸運了，我也常常告訴自己，這多出來的三年半是撿來的。不過，老天爺啊，請原諒我的貪得無厭，如果可以選，誰會只要三年半？

請用溫開水

終於滿八小時了。

禮儀師帶著一位壯漢來，把妳裝進袋子裡頭、拉上拉鍊，這個景象讓我感到有些震撼，又有些似曾相識。我們家沒有天然氣瓦斯的那時候，妳需要打電話叫瓦斯，工人會把新瓦斯桶送到家，扛在肩上走到陽台安裝，再把空的瓦斯桶扛走。

妳就好像那個瓦斯桶，是物體，不是人體。

天色慢慢暗下來，路上點點燈火亮起，我們被下班時間的車水馬龍包圍。

妳躺在箱型車的後方，我們坐在座位上，大概因為車頂亮著「遺體接運中」的跑馬燈，一路都算開得順暢，禮儀師指引著我們，每一次轉彎、過橋，都要提醒妳跟上。只是行駛在熱鬧的人車陣中，我卻感覺全世界都與我無關。

法師已經在殯儀館等我們。漫長的招魂儀式在晚間展開，上一次參加喪禮是小時候外公外婆的喪禮，當時的情景早已模糊不已。於是，我們像是沒有靈魂的木偶，隨著法師的指揮而擺動，時而站、時而跪，如果法師喊：「有沒有～！」我們就跟著喊：「有～」

後來，我住在基隆的鄰居也辦了喪事，聽著他們請的法師聲嘶力竭地喊著：「屋某～」鄰居們也激昂地回應著：「屋～」，雙方情緒的飽滿度堪比選舉造勢晚會那樣激昂。

他們會不會太情緒化了一點？我問游先生，他阿嬤過世時是不是也喊一樣大聲？

「對啊，所以我也不知道妳家在冷靜什麼。」游先生說。

「那我媽死掉的時候，你為什麼不跟我們說要喊大聲一點？」雖然有點蠢，但我承認，自己因此對老公生了一個晚上的氣，因為我怕小孩喊得太小聲，在陰曹地府的媽媽會被別人嘲笑。

那天招魂儀式進行到一半，身後的飲水機突然傳出聲響：「請用溫開水。」當時的二殯還沒整修，我們是在一個有點破舊的半露天空間（欸又不是在泡湯）進行招魂儀式，整體來說有點陰風陣陣，不過，剛失去母親的我們都呈現感覺麻木的狀態。我跟姊姊對看一眼，除了我們幾個，附近沒有任何人，但面對可能的靈異現象，我們卻笑了出來。至於有什麼好笑的？大概是因為，既然最親愛的媽媽都變成鬼了，鬼還有什麼好可怕？

折騰一晚，總算把妳的身體寄放在殯儀館，有靈魂的牌位則送到靈骨塔的靈位區，凌晨之際終於解散。雖然我也有點納悶，既然怕妳的魂魄找不到方向，又為何要把靈肉分得如此之遠？但請原諒我，真的好累喔，找不到方向的話，陰間……應該有服務台吧？

此時爸爸在群組裡分享了幾張照片，場景是在殯儀館，我們幾個小孩正在進行招魂儀式的畫面。

「你幹嘛在殯儀館亂拍照啦！」我跟姊姊立刻發起責難。

「我又不會怕！祂是我老婆欸！」爸爸一如往常，振振有詞地替自己辯解。拜託一下，你不怕不代表其他人不怕欸？而且重點不是媽媽吧？那邊可能還有很多其他鬼欸！

不過事後想想，爸爸那時候應該既悲傷又無聊吧，助念八小時的過程中，他明明也在掉淚，卻會在我們經過身邊時趕緊把淚痕抹掉，結褵數十載的妻子離開了，身為未亡人礙於習俗卻什麼事情都不能做，只能在旁邊的沙發上乾等。

如果是我，搞不好也會拿起手機亂拍一陣，只要拍到什麼風吹草動一律認為是妳，因為妳一定捨不得被留在這裡的我們，對吧。

（還是，其實妳覺得很煩，這群人到底念經念完了沒？）

一生只有一次

拿著當初簽訂的生前契約，禮儀師找我一項項確認妳的喪禮細節，語氣保持著禮貌與尊重，但內容滿滿是以愛為名的推銷。

比如骨灰罈吧。禮儀師說，骨灰罈最怕的是受潮或者摔破，建議我把原本的骨灰罈加價升級為玉石骨灰罈，避免媽媽覺得冷、影響後代子孫運勢，並且強調：「玉是很好的材質，對媽媽很好。」

我拒絕之後，他不死心又問一句：「還是妳要在骨灰罈上刻心經，讓菩薩保佑媽媽早登極樂？」

當初妳罹患癌症以後，我們就買了生前契約，我想起選塔位時業務員也是各種情緒勒索，除了說最上面跟最底下的塔位「很多人會忌諱」之外，也好心建議我們可以加價升級其他……嗯……姑且稱為「艙等」吧。業務員帶我們四處參觀，看到許多金碧輝煌的選擇，有些是小格子的空間大一點、格子的門面雕龍畫鳳，有些打開格子的小門以後還會自動播放佛經。熟悉的那句話出現了：「常常念佛經給媽媽聽，媽媽來世比較有福報。」

忽然覺得，不愛聽佛經的人真的不能隨便過世，不然全世界都想盡各種方法讓你聽佛經。但我默默地想，佛經只有在打開門以後才會播放，設計這個華麗的功能，不知道是播給活人聽還是死人聽呢？

靈骨塔一日遊結束後，我把選塔位的決定權交給妳，妳選了較低層、離逃生門比較近的位置，理由是「逃命比較快」。現在回憶此事，雖然有點想笑妳，都已經死掉了才會住在靈骨塔啊，哪裡還有命可逃啦？但說真的，妳應該是希望我們探視方便才這樣選吧？幾年以後，有次我晚上九點多，突然想去山上看妳。哇噻，晚上的靈骨塔氣場真不是普通的凝滯，真的很感謝妳選了一個靠門口近的位置，不用經過數百個不認識的骨灰罈才能在深處找到妳。

「好，那骨灰罈就這樣，接下來對一下告別式的流程。」禮儀師說道。

在告別式之前要舉辦幾場「七」呢？誦經人員要出家師父，還是要在宅修行的師父或師姐？告別式舉行地點要換成更大的廳嗎？花山要幾尺？燈光、地毯、布幔要升級嗎？需要現場演奏樂隊營造氣氛嗎？對了，需要加購大體SPA嗎？畢竟這是家屬最後跟媽媽相處的機會，讓媽媽無病無痛、心無罣礙地走完人世最後一程。

現在回想起來，這個環節跟懷孕時各種採購環節根本八十七分像，面對生命的初始或是終點，我們情感滿溢卻又對這個領域全然陌生，因此特別容易被驅動消費行為。

要不要存臍帶血，給孩子最圓滿的保障？要不要做數萬元的羊水晶片檢查，了解孩子最全面的基因風險？選購奶粉，當然要最多珍貴營養素的！至於衣物、尿布的材質，絕對要呵護孩子至上！

最經典的腦波弱購物場景，應該是挑選新生兒寫真的時候了，看著每個小孩都皺巴巴而且閉眼睛的畫面，新手爸媽覺得各種心動，此時只要一句：「寶寶一生只有一次拍攝新生兒寫真的機會！」錢包裡的魔法小卡差不多就準備出動了。

是的，辦喪禮與生小孩的推銷話術最大關鍵在於「獨一無二」、「一生一次」、「錯過就再也沒有機會了」，吃定我們的太期待、太傷心、太不知所措，太容易照單全收。

至於我？雖然自詡為看透推銷話術的理智型家屬，該拒絕的時候都會理智拒絕，但有時還是會自投羅網，從口袋裡掏錢出來請對方勒索我，成為省小錢、花大錢的經典案例。

就像是妳的喪禮，雖然我成功抵抗禮儀公司的推銷，但每天看到妳靈位旁的「鄰居們」，靈前擺放許多作工精美的紙紮品，我也忍不住央求老公帶我去紙紮店買了一棟房子給妳（指名有金嗓卡拉ＯＫ那種），順道還加購了衣服、鞋子、化妝品。正當我得意紙紮店的價格便宜很多，但道高一尺、魔高一丈，禮儀師見到了以後淡淡地「提醒」我，這些紙紮品如果沒有請法師做儀式，媽媽是沒辦法收到的喔。

這時候我又「寧可信其有」了，這個故事的結局就是我乖乖掏錢出來，做了一場法事，當成妳在另一個世界的「房產登記手續費」。

情字割憨人，我就是自以為聰明但還是憨到不行的那個人！

我是為你好？

辦喪事跟懷孕還有一件事很相似，就是當有人對你說「我是為你好」，接下來的話有高比例是通往地獄的直達車。

在妳決定不進行任何積極治療之後，我們開始聯絡妳的朋友與親人，表示我們已經停止積極治療，妳來日恐怕無多，建議大家趁妳還有辦法說話的時候來好好道別。

妳的妯娌很棒，時不時來家裡探望、陪妳說說話，也會料理一些食物，甚至幫忙打掃家裡，真是幫了我們大忙。我們也與妳的姊妹一起舉辦妳的「未來一百年生日派對」，幫妳提前唱了生日快樂歌，都是美好的回憶。

不過，關於婚喪喜慶，總有些災難躲不開。

比如，有親友前來探視後，義憤填膺地說：「天啊，不打點滴？這樣不就是活活把妳餓死嗎？」臨走前丟下一句：「加油！妳一定會好起來的！」、「我會跟某神某佛祈禱，希望奇蹟發生在妳身上。」

有沒有感覺這跟懷孕時聽到的「善心建議」有八十七分像？總會有些人拿似是而非的論點來情勒孕婦。

我很偏激地想著，安寧緩和在台灣都推動三十年了，為什麼還有人覺得快死的人一定要打點滴？如果我們最後還是死掉了，就代表神佛並不祝福我們嗎？而且，到底為什麼要跟快死掉的人說「加油」啊？媽媽就是已經用盡全力了，才可以走到這裡好好跟你們道別啊？如果她沒有「加油」，可能早就不在了，你們知道嗎？

而妳過世之後，這齣荒謬鄉土劇迎來高潮。

某個在靈位前摺元寶的日子，有位親戚來拈香，爸爸拉著我一起進行禮貌性的社交環節，當我們告知「頭七隔日進行告別式並且火化進塔」，立刻得到超級「友善」的指教，表示沒有做滿七個七實在太草率了，對媽媽（與她的娘家）不夠尊重。

我試著虛應敷衍，但沒辦法了事，對方訓誡我：「我是在跟妳爸爸說話。」還順便指教說，古早年代的喪禮習俗，亡者的兒女是要爬著跪著出去迎接娘家人，往生者娘家的建議可是非常崇高的。

妳還在的時候，我尚可跟自己說：「他們是媽媽重視的人。」但妳過世之後，我忍不下去，立即擺出記者噴人前的標準甜笑，字正腔圓但如機關槍般連珠炮的發動攻擊：

「媽媽都是對我交代事情，我有資格回話。」

「媽媽生前說得很清楚，一切就是從簡，我是要放錄音檔給你聽？還是請媽媽晚上去跟你解釋？」

「退一萬步說，如果真的這麼重視我媽媽，為什麼這四年沒看過你幾次？」

對方悻悻然離去之後，我問爸爸，剛剛自己是不是太兇了？爸爸帶點幸災樂禍地說道：「敢跟我女兒吵架，不自量力。」

上一次對親戚這樣發飆，也是為了妳。那時妳動了一場七個小時的手術，摘除子宮、卵巢、部分大腸，極度需要休養，卻有不受控制的親戚，聲稱自己要去某宗教團體做志工很忙，逕自在我們沒有開放探病時隨意闖入病房。哎，如果可以甜笑、誰想當瘋婆娘？

對了，順道一提，後來阿婆（客家人稱祖母為阿婆）過世時，她自己選擇樹葬，這才是真正的從簡！相比之下，妳的喪禮根本是假裝簡樸的豪華套餐呢。

告別式，是悲傷的起點

告別式那天很快就到了。

一大早，我們到了殯儀館，場地早就布置好了，簡單素雅，妳那張在我的沖繩婚禮拍攝的照片掛在上面，笑得開心燦爛。由於無所事事，我們姊弟三人又在靈前自拍起來（並且再度討論妳應該也在照片中），氣氛還算平靜融洽。

這份平靜感一直維持到從冰庫把妳領出來那一刻，徹底崩壞。

作為唯一的男丁，弟弟再次成為推派代表，確認躺在床上的那個「人」是妳無誤，不過，他看著那個裝著妳的袋子，好久、好久⋯⋯。

呃，為什麼這麼久？難道不認得自己的媽媽嗎？我跟姊姊箭步上前想要加速流程，我們也愣住了。

嗯……妳被畫得有點像是小鳳仙，兩頰紅紅的、眼線飛飛的。不知道幫往生者化妝有沒有一個指南，比如六十歲以下畫得豔麗一點、八十歲以上遮一下老人斑就好，還是依照化妝師當天的心情來決定。總之，我還真的有點認不出妳，必須要核對手環、衣物，才能確定這個「人」是我們的生母無誤。

不知道是哪個按鈕突然被啟動了，我開始意識到，這應該是這輩子最後一次看到妳的形體，待會，儀式結束之後，妳就要被推到火化爐裡燒成骨灰了。禮儀師說，那時候，記得要大聲喊：「火來了，趕快跑！」

我的眼淚開始不聽使喚地流下來。

起初，臉上的淚水只是毛毛雨，陪著我度過告別式前那些叮叮咚咚的各種儀式。儀式忙碌中，我漏接許多電話，後來回撥給親戚卻遭到一陣責罵，哎，真委屈，如果孝女在披麻帶孝、繞棺念經的過程中拿起手機講電話，難道不會被法師封印在雷峰塔下嗎？

電話中是一些在外頭苦等多時、不滿怎麼沒有人去迎接他們的親戚。原來是傳統喪禮的家祭開始時，守喪的子女要去外頭磕頭跪迎外家親戚，只是從未有人提前告知我。我心想，天啊，妳臨終時各種閒言閒語的一群人，現在又要來長輩式情緒勒索了嗎？

只是，那個時候的我實在太脆弱了，沒辦法再跟任何人吵架，只好看著弟弟被叫去外頭「迎接」，他踏出靈堂之前，我叫住弟弟，慎重地告訴他，我們只跪媽媽，至於其他人，以後他們的兒女自己會跪。

家祭、公祭時，我的脆弱毫無遮掩地袒露，臉上的雨勢開始持續加大。即便禮廳迴盪著司儀用怪腔怪調的聲音朗誦八股哀悼詞（我到底為什麼相信禮儀公司提供的公版悼詞會比我自己寫得好？），即便四周座位滿滿坐著半生不熟的親友，即便我一直在進行各種三跪九叩的動作，都無法阻擋我的眼淚在臉上颳颱風，強烈等級的那種颱風。

拜託，我是天秤座欸，雖然妳也是天秤座，但妳一定不知道我們天秤在公開場合向來是優雅至上，絕對不會輕易做出有損形象的事情。但，此時此刻，我卻毫無遮掩地，嚎！啕！大！哭！

姊姊跪在我旁邊，像一隻毛毛蟲蠕動靠過來，從口袋裡抽出一張皺巴巴的衛生紙給我，示意我把鼻涕擦乾淨。但，一張哪夠？而且這段時間大部分都在跪拜與磕頭，我的鼻涕一下在臉上流得亂七八糟，一下又往地毯滴下去，而我完全無法控制這一切。

後來姊姊說，她當時本來很想哭，但是看到我崩潰的慘狀，反而覺得：「這人在搞屁喔？」而跪在我後面的游先生，雖然跟妳不是非常熟，但看到平常趾高氣昂的老婆突然哭得如喪考妣（欸是喪妣無誤啊），反而也跟著掉了幾滴眼淚。

告別式的下半場，我站在家屬答禮區，看著親戚、朋友、同事、同業，熟的與不熟的，喜歡的與其實偷偷討厭的，一個一個走進來上香致意，理智慢慢恢復之後，我開始想要一頭撞死，那感覺很像在尾牙喝醉，對著滿桌同事胡言亂語大吐一場，隔天酒醒走進辦公室時的尷尬癌末期狀態。

雖然在媽媽的告別式上追求美麗是一件政治不正確的事，但，說真的，我很想一直彎腰鞠躬答禮不要起身。因為，在各種意義上，妳的告別式都是我人生中的一場悲劇。

喪母筆記01

嗨！這裡是喪母俱樂部

這是一個沒有人想加入的俱樂部，入會條件是：媽媽不在了。

- **以為面對喪親像一部感人肺腑的電影？聽好了，你得先面對一堆無止盡的SOP。**聯絡殯儀館、挑選骨灰罈、聽親戚討論紙紮別墅到底該不該有游泳池？並且在短時間內聽到一〇八次以上「你還好嗎？」與「節哀順變」。

- **面對無所不在的情緒勒索，你可以選擇不要接招。**當親戚開始發表「媽媽在天上會不開心」的評論時，請溫柔微笑回應：「那她可以來夢裡跟我說。」

- **接受自己會有一些荒謬、不符合悲傷情境的異常行為。**例如：辦完喪禮後突然去爆吃一頓、無預警大笑。
- 如果你發現自己根本沒時間難過，請記住：「喪母俱樂部」的會員資格是終身制，**悲傷不會過期，它會等你有空時再找上門。**

如果悲傷有形狀的話，
應該就是我現在的樣子吧。

Part 2

萬丈深淵

悲傷跟水很像，有許多不同的形狀。

告別式之後的幾個禮拜，我近乎歇斯底里的傷心，感覺自己的身體被活生生挖走了一塊肉，經常在半夜驚醒，搖著老公放聲哭喊：「媽媽在那裡會不會冷？」、「我的媽媽死掉了……。」、「我沒有媽媽了。」

那時候的悲傷像是強烈颱風，我以為那就是傷心的最高級，只要挺過被暴風圈籠罩的黑夜就能雨過天青。但我錯了，後來我才知道，最難以忍受的悲傷，不是巨痛、是像針刺。像北國深冬裡頭，

總能輕易鑽進衣服縫隙中的冷風，凍僵你的皮膚、刺進你的骨頭，
順便，還會把你的陳年風濕都叫出來折騰。

而且，最痛苦的是看不到盡頭，這場災難的終點到底在哪裡？

都是月亮惹的禍

生活中有太多細節，不斷提醒著我：「這裡少了個人。」、「本來不是這樣的。」、「媽媽真的消失了。」、「她永遠永遠不會回來了。」

爸爸說，他通常會在早上醒來那一刻感到很悲傷。以前，妳總是很早起床，在廚房鏗鏗鏘鏘弄妳的包子饅頭，然後端到餐桌前，邊吃邊看報紙。現在，爸爸起床時，甚至不用張開眼，光是耳朵聽不到那些窸窸窣窣的聲音，他就再一次被提醒：妻子已經不在了。

爸爸是妳那個年代的標準男人形象，他負責養家、妳負責育兒，是個十指不沾陽春水的大男人。妳離開後的頭幾個月，他把鍋子燒焦過，也把食材放到爛掉過，微波爐也曾經差點炸掉，幸好家還安好（難道是妳在旁邊努力滅火？）。我們一家人，努力在少了一個人的隊伍中重新整理新的隊形，找出新的秩序、新的步調。

那我呢？我常常滑著手機，看妳傳給我的最後一則訊息。

「吃飯沒？」

「要回家了嗎？」

（搭配不用花錢的免費LINE貼圖。）

連續劇裡頭的老哏原來都是真的。我常常一邊滑著手機、一邊想著，為什麼現在沒有人問我了呢？偶爾，我還會向妳的LINE帳號發送各種無意義的貼圖，我當然知道不會再有人回應我了，但還是慣性去做這個動作，假裝妳只是太早睡了，才沒有看到女兒來訊。

妳離開的幾個月後是中秋節。游家（我的夫家）照例要舉行一年一度的大家族烤肉，我們的烤爐上總是會出現一些讓都市俗驚嘆的東西，比如烤螃蟹、烤生蠔啦，有一年我公公還自己組裝了鐵板烤肉爐，只差放上招牌就可以直接營業了，讓我讚嘆基隆人的烤肉怎麼可以如此樸實無華（的相反）。

我永遠記得妳剛離開時，公公婆婆跟我說，不要怕啊，妳還有一個媽媽，我們給妳靠，這句話也一度讓我感動得大哭。但無論是好媳婦還是惡媳婦，天下的媳婦都知道，婆婆永遠不會是媽媽（等我可以對著婆婆挖鼻孔或者直接破口大罵再討論這個課題）。老公的家人再好，永遠沒辦法彌補原生家庭失去的那個家人。

記得那次烤肉的中場休息時間，我跟老公手牽手走去超市補貨，回來的路上，我看到天上又圓又亮的月亮，再度落入俗氣到不行的老哏劇情。想到那句「月圓人團圓」的俗諺，又想到如今月依然圓，而自己的家卻已不完整，「哇」一聲就哭了出來。

「啊？妳怎麼了？」哎，老公應該感到害怕極了，怎麼買個東西老婆也可以哭呢？如果問我為何總能忍受他歷年來種種白目行徑，大概是因為妳離開的日子，面對我的情緒失控，他的努力忍耐與陪伴累積了大把大把的「愛妻點數」可以浪費。

「嗚……每個人都有媽媽，就我沒有媽媽……。」其實我已經忘記自己當時到底在胡言亂語什麼，我只記得自己很想妳，也很氣自己，我以為自己已經把情緒整理得很好了，可是為什麼，隨便一個月亮，就讓我被思念打趴。到底，這樣的日子還要過多久？

我就這樣蹲在超市門口大聲哭著，像一艘沒有動力的小船，雖然度過了驚濤駭浪，但卻迷航失去方向，只能在海上漂流，好久，好久、好久……。

妳老公怎麼這麼難相處

妳離開我們一百天時，我邀請爸爸參加延宕多時的蜜月小旅行。

為期十四天的旅行，我與老公從首都金邊進入柬埔寨，驅車前往七個小時車程遠的西部雨林戈公，然後回到金邊，再搭乘國內線飛機前往古都暹粒，爸爸在最後五天加入我們，走訪吳哥窟（很可惜我們當時沒有造訪如今有名的KK園區）。

這應該是我人生中最認真做功課的一次旅行了，英文很爛的我買了一本旅遊指南原文書《孤獨星球》日日研讀，都快把它翻爛了；也在許多翻來覆去無法入眠的夜晚，流連在網路上各式各樣的英文旅行資訊，拼湊自己心目中的荒野之旅；我還用白板筆在家裡牆上畫了柬埔寨地圖，仔細記下我們即將探索的路線。

我後來覺得這其實是一種不經意的逃避。就像截稿前夕，我寧願去洗廁所、刷地板，也不願意坐在電腦前認命寫稿，著魔般規劃旅行的我，只是以為逃到妳不曾存在過的地方，就不會碰觸到無所不在的悲傷。

以結果論，我們完成了一趟還不錯的旅程，除了必訪的吳哥寺、巴揚寺，我們還包車去遠離人群的崩密列、柏威夏寺一遊，我特地找了一位在水上村落長大、會說中文的導遊，帶我們去當地市場採買，再到他的老家——貨真價實的水上高架屋吃一頓飯。爸爸對於這樣深入常民生活的體驗相當滿意，雖然後來發現當地人都直接從河裡裝水起來煮飯，但至少我們的屁屁都全身而退了。

其實我也很開心，但，不誇張，旅途過程中，我一千次一百次想問妳：妳老公怎麼這麼難相處啊？

出發前，我製作了精美的行程表格與收行李指南。明明我耳提面命請他「不要帶筆電」，結果他偷偷摸摸藏在背包中，半夜拿出來用得很開心，被我們抓個正著。明明我砸重金訂了很不錯的飯店，請他記得帶泳褲享受泳池設施，結果他說：「沒帶，因為太重了，行李放不下！」我不明白，他到底是採用哪個國家的度量衡？

更別說經典的「柏威夏寺尋父事件」了！那是一個離吳哥窟六、七個小時遠的荒郊野外，柬泰邊境山上一層又一層的神殿遺址，由於泰柬兩國曾經在此交火，不但有駐軍守候，草叢中還設有「小心地雷」的告示。

豈料我們走走拍拍，爸爸卻突然不見蹤影，他可是身無分文欸！我跟老公緊張的四處尋找，切換英文、中文雙聲道，連名帶姓的喊著他的名字，還好最後有找到，只是……原來妳老公竟然自己走上山頂懸崖邊，悠悠哉哉看風景。

我真的快氣炸了！本來想要大發脾氣，但是又想起自己曾經答應妳，以後會好好照顧爸爸，只好深呼吸吐氣一分鐘，不斷在心中默念：「I love my dad. I love my dad.」，再走上前去戲謔地調侃爸爸幾句（好啦！其實還是罵了他一頓）。

我在上一本書《廢物旅行》裡頭寫了一篇文章，把爸爸在泰柬邊境的神廟裡消失的故事記錄下來，結果爸爸來參加我的新書發表會，還舉手發表意見說：「從我的角度看，我沒有迷路，我只是沒有跟妳們走在一起而已！」天啊，到底是有多愛頂嘴！

這是爸爸第一次挑戰，在沒有老婆（妳）陪伴的狀態下出門旅行，沒有妳幫忙收行李，沒有妳提醒他不要跟女兒走散，沒有妳在旁邊細細碎碎地討論與叨念沿途所見所聞的一切。我想妳應該也很擔心這位難相處的天蠍座老人，不然，爸爸也不會在最後回吳哥窟的車程夢到妳。

他說，夢裡的他一樣在柬埔寨、一樣在車上，車子停下之後他打開車門，看到一個女子蹲在車子旁邊，衝著他傻笑，他猛然發現，那是他老婆，是妳啊。

我想，我們就像是一群候鳥，組隊飛往宇宙蒼穹的方向。如果有成員中途離隊，剩下的成員就必須調整彼此的距離，找到最適合現有成員的隊形。那就是我們正在做的事情，即便我們都知道最佳黃金陣容已經是過去的事了，即便這個過程充滿陣痛，但我們很努力、非常努力，繼續前進。

為什麼我沒有感覺

喜歡聽故事，喜歡問問題，喜歡觀察世界萬物的人，很適合當記者。因為這個工作絕對可以滿足你的好奇心。

我曾經非常熱愛記者工作，每天看到各式各樣新奇特別的人事物，實際接觸那些歷練豐富、身上有許多故事的人，無限連發去問「為什麼？」。更重要的是，從小到大，我唯一擅長的事情就是寫字，記者這份工作不僅讓我滿足對世界的好奇心，還能用自己擅長的事情賺錢，雖然許多人說「小時不讀書、長大當記者」，但記者對二十幾歲的我來說卻是不折不扣的夢幻職業。

注意，我用的詞彙是「曾經」。

根據勞基法，直系親屬過世可以擁有七天喪假，同事與主管也很客氣地希望我好好休息，但是妳離開之後，我很快就銷假上班，想要盡量快速恢復正常生活。我還是出現在各種記者會場合，與各路受訪者通電話、喝咖啡、餐敘聊著未來趨勢，設法規劃深入淺出的專題報導。

但，很快我就發現一件很糟糕的事——我、沒、有、感、覺。

就像營養品廣告演的那樣，玩具小車車衝撞輾過阿嬤的腳，但阿嬤動也不動，孫女大喊：「阿嬤，為什麼妳沒有感覺？」

其實我還是有感覺，只是好奇心變成了憤怒感。當大家都在談美國聯準會升息（或者降息）對世界經濟乃至於台灣的影響，我的內心翻騰著莫名而來的憤怒，像是來勢洶洶的胃酸逆流。我想著，天啊，我為什麼要對這件事情有感想？我的感想對這個世界的運作有什麼意義？我哪根蔥？我的意見又不會改變這個世界？

圍繞在我身邊的除了憤怒，還有無窮無盡的疲憊感。我常常夢到自己睡過頭，醒來發現，該死，真的睡過頭！每天，我花費七成的力氣讓自己成功離開床，剩下的三成，勉強撐著自己的「外殼」，假裝自己還是個正常的人。

我開始害怕每週一次的編輯會議，因為那天，會議室裡的大家要輪番報告自己未來的報導題目規劃。而我想不出什麼精采的題目，但又必須假裝自己充滿熱情、勤奮於挖掘報導素材，於是，為了通過內部績效考核，只能揀些最簡單的工作。

績效勉強達標，但我過不了自己這一關。

中文系畢業、沒有相關背景的我，從一個月薪兩萬四千五百元的編輯助理開始做起，用十年的時間踏遍主流財經媒體圈，當時的我，可是同業都讚賞的獨家新聞掠食者！但是如今，卻像是一個突然發胖的人，花了兩倍的力氣奔跑，但卻只能前進原本一半的距離。別開玩笑了，誰會喜歡這樣的自己？

這股自我厭惡的感覺，像是壓力鍋悶著、燒著，直到妳離開後的第一個冬天，我到首爾出差，任務是直擊電競展。下飛機後，抵達會場的我看到韓國少女們大排長龍，準備購買應援商品給心儀的電競選手簽名。

我向來擅長異地採訪，擔任讀者的眼睛，帶回靈動鮮活的現場直擊。理論上，看到電競選手竟然擁有堪比偶像團體的超高人氣，我應該立刻拿起筆記本、開始速記所見所聞，並在工作群組更新自己的新發現，但是我覺得這裡好冷、好吵、好煩，這些人有完沒完。理論上，我應該腳踩五公分高跟鞋奔跑在異國街頭蒐集新聞素材，不必主管交代，就把採訪行程約得滿、滿、滿，帶回不止一則新聞報導。

或者，至少，我應該把握工作以外的時間，好好在首爾走走逛逛吧？但我沒有，每天標準行程結束，我就疲憊地回到飯店，即便住在首爾的朋友約我敘舊，我也歸心似箭。

最後一晚，首爾的月亮又圓又大，哎，為什麼又是月亮，我像是狼人一樣，只要看到又圓又大的月亮，體內的悲傷就會被誘發。我想著，難得出差卻哪裡都沒去，實在太可惜、太不甘心了。於是我勉強自己打起精神，搭地鐵去明洞鬧區逛街。正值聖誕節新年假期，到處都是聖誕樹以及明亮歡樂的五彩燈飾，但滿滿的人潮實在叫人心煩意亂，那，去體驗韓國人的道地生活好了。我轉而找了一家汗蒸幕，一邊喝著玉米汁、吃著雞蛋，一邊拿著手機查詢「羊角頭要怎麼綁」。

理論上應該開心的體驗時刻，內心卻毫無預警地炸出一個念頭：

「媽的，我再也不想假裝了。」

妳是我的穩定器

「我不知道為什麼會這樣，我覺得我處理得很好，我很努力了，但還是，還是……＊（）＃＆（）＃＆＊＄％＠。」

我的媽啊，繼妳的告別式之後，我又再一次在老公之外的人面前失控、崩潰大哭，這一次是在身心科診所哭得一把鼻涕、一把眼淚，話說得語無倫次，才發現……抱歉，我還是沒有衛生紙。

「沒關係，妳慢慢說……。」醫生平靜地遞來一包衛生紙。

生命的流轉宛若四季，面對死亡帶來的悲傷，理論上是該慢慢代謝、復原，但，很明顯地，我的低潮已經嚴重影響生活，甚至有些日子，老公下班回家時我還躺在床上，沒有起身活動的念想。對於我的情緒，他雖然願意陪伴，但顯得無奈、也無助。

我真的一點也不勇敢，只是因為意識到這樣下去可能會換我死掉，只好逼自己正視「悲傷遠超過正常喪親反應」這回事。

我求助於身心科，除了服藥，也進行心理治療，第一次晤談就哭得唏里嘩啦。醫生看起來很鎮定，我想，他應該見慣了這樣的大風大浪，我只是哭泣而已，應該……算是小 case 吧。

「媽媽對妳來說是什麼樣的存在？」

醫生開門見山地問了這個問題，我陷入深深思索。

妳是一個很單純的家庭主婦，職涯成就不外乎養育了三個孩子。從我有記憶以來，妳就像空氣、陽光、水，一直存在於我的左右，坦白說，其實我從來沒有想過，「媽媽」這個角色是會消失的。

妳那個世代，有許多媽媽都是全職家庭主婦，大概也是因為人生都奉獻給了家庭，這些媽媽熱愛以丈夫事業或孩子成就來分辨高低勝負。記憶中有許多場景，她們有的像孔雀那樣，搖著屁股把孩子當成華麗的羽毛展示；有的像選秀節目評審那樣，不顧別人有沒有參賽意願，就把每位選手秤斤論兩、品頭論足。

身為次女，上有成績優異的姊姊、下有調皮搗蛋的弟弟，從小我就得學會在夾縫中求生存。小小的我，其實很渴望妳也跟他們一樣，翹著屁股對別人說：「我女兒真的很棒。」

不過，無論別人怎麼評價妳的小孩，妳都是笑咪咪地說：「哎呀，小孩愛幹啥就幹啥，沒什麼好說。」私底下，妳告訴我們，妳書念不多，聽多講少比較好。

我不喜歡妳這樣，心裡總想，如果我再厲害一點，妳就不必再那麼謹小慎微，想說什麼就說什麼、想做什麼就做什麼。但我不是能夠傳宗接代的兒子，也沒有出眾的外貌、優秀的成績，更沒有令人稱羨的年薪、堪稱金飯碗的職業，無法滿足妳那一代對於「好孩子」的定義。至於個性嘛，說好聽是鬼靈精怪，說白了就是叛逆，無法常伴膝下，當個乖巧溫潤的孩子。

直到進了財經雜誌工作，情況改變了。我終於推翻外人「念中文系肯定會餓死」的訕笑，證明寫字真能養活自己，而且，每個人都可以在便利商店買到雜誌，上頭白紙黑字印著我的名字。那些孔雀開始對妳說：「妳女兒很厲害喔！」而妳還是一如往常地說：「她呀，愛寫就去寫啦。」

雖然妳總是叨念，說我這份工作薪水不高、工時很長，又常常一個女孩子到國外出差，太危險了，不好，還是趕快嫁人比較重要，又擔心脾氣這麼差，會不會沒人敢娶我（無限輪迴）。但是，每個禮拜三的雜誌出刊日，妳與爸爸總是興致高昂地翻開雜誌，看看我這期寫了幾篇文章，並且仔細閱讀那些妳肯定看不懂的產業脈動與投資訊息。

一年、兩年、三年……我從菜鳥助理慢慢成為可以獨當一面的資深記者，我漸漸知道，打從妳生了我的那一天起，妳就是我的頭號粉絲，不管我做了什麼事情，妳嘴巴上碎碎念，但身體還是誠實的來替我「按讚」。只是我還沒建立起自己的信心、還沒找到自己的人生方向，以前感覺不到。

那時候很流行一句話：「如果有人給你一個火箭上的座位，別問位置在哪，上去就對了。」我應該算是忠實的實踐者吧（笑），我愈發起勁地奔跑，在十年內把檯面上最優秀的財經媒體都走過一輪，開心地與妳分享我遇到了哪些大人物、我的薪水調整幅度，我想，再跑快一點、只差一點點，也許我就能坐上火箭裡的最後一個位置，一飛沖天宇宙翱翔，妳會更開心，也更安心。這樣的念頭或許很膚淺，但我千真萬確因此而努力在社會上拚搏。

但妳離開了，我失去最盲目的頭號粉絲。

說來有點羞恥，出社會工作後，我還是經常帶著妳做的便當去公司當午餐，直到後來應酬餐敘比較多了，才告訴妳不用再幫我準備了。每個不眠趕稿後的清晨，抑或經痛難耐的夜晚，妳也會從廚房端出一盤飄著麻油香的荷包蛋，或是蒸得熱騰騰的包子饅頭，全都是妳親手做的。

我可以全力衝刺事業，是因為妳永遠在背後支撐著我，而今這股支撐的力量不復存在，我連往前邁出一小步的力量都沒了，誰還在意天殺的火箭？

我一邊哭，一邊回答醫生的問題：「媽媽……是我的穩定器。」然後我的鼻涕就直直滴出來流到嘴巴裡頭，看起來一定醜到爆，我在心裡罵了一百萬次髒話，想著，雖然希望不要再崩潰了，但如果有下次，X！我一定要記得帶衛生紙。

我這麼努力，為什麼妳還是死掉了？

說來慚愧，活了幾十年，直到妳過世以後，我才知道原來自己是所謂的「高敏感族群」。想想也不意外，畢竟我懷孕以後才發現，我一直以為的血型其實不是我真正的血型（這個故事會在後面提到）。

高敏感不是疾病，而是一種人格特質，擁有這項特質的人，更容易感知細節，傾向於深思熟慮，重視人與人之間的情感連結。這樣的人通常擁有很強的藝術能量與創造力，但也容易受到情感波動與壓力的影響。

仔細回想，我確實是這樣的人。我善於感受、傾聽，但也容易把他人的情緒背負在身上前行。同時，不確定的事物總讓我感到緊張與焦慮，為了不讓他人發現我的弱點，我努力去掌控一切，漸漸變成一個愛逞強的人。這樣的人格特質表現在工作上是正面的，勇於嘗試的我，堅信沒有什麼事是「努力」做不到的，如果有，那就更努力、更拚命，逞強不但是我的習慣，甚至是我的成功之道。

為了扮演「癌母的最強後盾」這個角色，我可是卯足全力。妳不希望大家為了照顧妳而影響工作，好，我就公司、醫院、家裡，蠟燭三頭燒。妳擔心壞脾氣的我會找不到老公，好，我想盡辦法讓妳有生之年見證我的婚禮。妳生命的最後幾個禮拜，我還煞有其事地把妳當成受訪者進行生命歷程回顧專訪，後來我才知道，原來這也是安寧病房裡經常用到回顧患者生命歷程的方式。

我甚至在妳離去之前，預先做了一款簡單乾淨的法式光療美甲，也早已添購一系列剪裁大方又不失流行的深色素雅新裝，力求守喪期間也要日日美麗記錄 OOTD（每日穿搭），以為自己可以成為「優雅」度過喪母之痛的女子。現在想想，我不僅有毛病，還太小看了喪親的殺傷力。

整整四年，我不知道把多少壓力放在心裡，假裝自己可以搞定一切。面對心裡堆積如山的情緒，不知道如何處理，只能極其粗糙地假裝沒事。如果是為了工作績效而努力加班，這一類的壓力或許還能夠透過目標達成來紓解，就像是一些業務導向的部門會因為業績達標而舉辦慶功宴，大家狂歡一陣、論功行賞，再繼續往下一個目標邁進。

但我的目標，從最初的「陪媽媽抗癌」，一路修正成為「陪媽媽走完生命最後一程」，儼然是一場兵敗如山倒的戰役！退一萬步來講，「陪媽媽走完生命最後一程」這種一點都不令人期待的目標，就算達成了，又怎麼可能真的替自己帶來重新出發的力量呢？

總之，這些無法紓解的壓力累積到最後，便成了執念，逐漸成魔，心理狀態崩潰也只是早晚的事。那些心上一塊又一塊崩落下來的，不僅僅是喪親的痛，還有更多是想要得不到的不甘。

每日每日，直擊靈魂的拷問都在我心頭盤旋：

我已經這麼努力了，為什麼妳還是死掉了？

如果我再努力一點點，抗癌成功的奇蹟會不會就發生在妳身上？

總之，我一定是犯了什麼錯吧？不然妳怎麼會死掉呢？

妳都死掉了，我真的有資格繼續快樂地活在這個世界上嗎？

就像古早農民曆，背面封底通常會有一個圖文並茂的食物相剋表格，告訴你哪些食物的搭配會中毒，比如毛蟹跟柿子一起吃的話會下痢、蛤仔跟田螺一起吃會產生毒素。我想，「逞強」這個行為搭配「高敏感」這個人格特質，那大概也是一種毀滅性的心靈中毒吧。

再見，記者人生

「來，妳跟我說一下妳的狀況？妳怎麼了？」

在公司附近的咖啡廳裡，我與高層主管相約談話，不知道她有沒有發現，我的手心在冒汗，也不自覺地抖腳。這場談話起因於我提出申請留職停薪、暫別媒體工作一陣子。哎，這可比當初入職面試還讓我緊張。

對於顧慮形象的我來說，要對他人揭開血肉模糊的傷口，解釋自己工作表現不佳的緣由，其中分寸實在太難掌握，如實揭露會讓自己顯得落魄，但太過逞強又像在替失敗找藉口。

而且，我的心裡也有些忐忑不安。畢竟，我花了很多很多力氣，幾乎帶著全身家當在奮力奔跑，才終於得到一點小小掌聲，如果真的離開公司組織，失去媒體光環，會不會發現，自己其實什麼都不是？

不過，雖然不確定的事情很多，但有一件事我倒是非常肯定：如果繼續藏著傷口不見光，它肯定會爛掉、臭掉、把其他尚存的部分啃噬殆盡。說白了，我之所以願意放棄好不容易累積起來的一點點小小成就，是因為不這麼做，我可能真的會活不下去。

我其實已經忘記那時自己如何述說，只記得每一個字都講得無比艱難。主管問了我一個問題：「留職停薪這段期間，妳打算做什麼？」

「還沒決定，我只是想要好好休息而已。」

有人推薦我去菲律賓或夏威夷學英文，也有人推薦峇里島或者印度瑜珈靈修，不過，我自己比較想去泰國學按摩。畢竟，這些要死不活的日子裡，按摩是解除各種莫名疼痛的救世主，尤其是每個禮拜一的編輯會議，假裝熱愛工作並且振振有詞的介紹未來報導真的太耗費精力，每次會議結束以後，我幾乎是頭也不回地飛奔到按摩店報到。

主管看起來非常不滿意我的回答。她說，摯愛之人離世，這是每個人都會面對的人生課題，接著，她分享了自己與幾位同事的喪親經驗，有些人的照護經驗比我更累、更苦，有些人也產生身心症狀，大家都走過來了。她還說，留職停薪不是問題，如果今天我是要出國念書，公司絕對願意栽培同仁，一年、兩年都不是問題。但是，如果「只是」媽媽過世想要休息，半年、一年都太長了，對我跟公司都不是好事，她覺得三個月比較適合，非常建議我留職停薪三個月就好。

這些句子聽起來很友善也溫柔，但卻每個字都帶著尖刺，把我僅剩的自尊心戳得體無完膚。我知道她沒有惡意，確實，如果沒有設定目標，休息的日子很容易匆匆溜走，媒體經營不易，公司沒有義務體諒我的難處，更何況，這間公司給我的薪水相當不錯，對我有高度期許也是很正常的。

我都懂、全都懂，但是，如果出國讀書是一件很重要的事，我的悲傷、低潮與厭世，難道就真的不值一提嗎？其他人都可以從悲傷中痊癒，繼續在職場上混得風生水起，但我卻跟隻落水狗一樣狼狽，我、是不是、真的很沒用？

我心裡閃過很多畫面。比如，我在醫院病房的陪病床上，用枕頭當電腦桌熬夜寫稿，常常寫到護理師換班、來更換床頭的名牌。比如，我總是以雙倍效率把工作完成，趕回家裡陪妳、把家裡稍微清掃，最後在深夜回基隆的客運上睡得東倒西歪。比如，妳快走的時候，跟我說，要照顧好爸爸、照顧好自己。

不，最困難的時刻我都撐過了，我不能被這樣一席話打倒。

這一次，我帶了衛生紙，但我沒有哭。走出咖啡店，我很平靜，卻又很激動。我明白了，憂鬱症是一種除非你好了或者你死了，否則全世界都無法同理你的疾病，能拯救我的只有我自己。

喪母筆記02

悲傷就像Wi-Fi，信號時強時弱

你以為你撐過來了，結果沒有，這很正常。

- **悲傷從來不會按照劇本走，而是會在你最沒防備的時候突襲你。**這很正常，有些日子就是爛透了。
- **根據統計，多數喪母成員會罹患程度不一的「母親節過敏症」**，主要症狀是看到別人媽媽還在就覺得刺眼，每年五月是大規模流行期間，尤其避免接觸康乃馨等物品。

- 親友們會開始露出「你怎麼還沒好？」的眼神，**這是他們的疑問與評斷，你無需替他們的感受負責**。
- **尋找同是「喪母俱樂部」的會員聊聊**，這世界上沒有人比我們更懂這種 Wi-Fi 般時強時弱的悲傷信號。

我很好，
只是什麼事都與妳有關。
媽媽，我應該沒事了，
對嗎？

Part 3

破曉時分

我真的一個人去了清邁，在那裡住了一個月。

這是脫離學生身分後，最踏實而規律的的日子。我找了間一房一廳的小公寓，每天早上八點半出門，騎著腳踏車到附近的按摩學校上課，下午四點下課之後，可能騎著腳踏車找間咖啡店踩點，可能回住宿處的頂樓泳池泡泡水。晚上七點吃晚餐、九點洗澡、十點躺平入睡，樸素而規律的作息，反而成為遠離悲傷的解藥。

即使清邁有許多招收外國學生的按摩學校，但對大部分台灣人來說，這依然是個新奇的選擇，許多人以為這是我離開記者工作後的職涯新計畫，紛紛問我：「妳是要開按摩工作室嗎？」我說沒有這個計畫，大家都會驚訝地接著問下一題：「那妳學按摩到底要幹嘛？」

可是媽媽，妳小時候送我去學鋼琴，也不是因為希望我們成為鋼琴家啊？學習一件事情，為什麼一定要有目的呢？（備註：媽媽當時是因為經過新開幕的音樂教室，覺得裡面的小孩看起來很快樂，就立刻幫當時的我與姊姊報名了，就是這麼膚淺。）

小孩永遠是對的？

出發前往清邁途中，我這個需要被療癒的人，意外地用自己的傷替別人療傷。

第一段旅程是從台北飛往吉隆坡轉機。廉價航空的座位小小的，我隔壁坐著一位很年輕的男孩，舉手投足看起來都很焦躁，不斷重複著相同的動作，像是一隻追著自己尾巴打轉的小狗。起飛後沒多久，他像是必須挖掘一個洞來避免自己爆炸那樣，開口跟我搭話。

他是來自馬來西亞的僑生，兩個月前才到台灣念大學。我問他為什麼間隔這麼短的時間就回家？學校放假嗎？他說，因為前幾天家鄉的老同學私訊他說：「欸，你家擺靈堂耶！」

他才知道，那個很久沒見面的爸爸過世了。

「我其實滿討厭我爸爸的，但聽到這個消息還是全身發麻。」故事就像了無新意的八點檔戲劇，他的父親在很年輕的時候就因外遇而跟媽媽離婚，恢復單身後的人生過得相當暢快，繼承了一大片土地而致富，再婚後也生了個妹妹，日子過得很滋養，但卻不付贍養費，讓前妻必須獨力撫養兒子長大。

「我媽媽真的很辛苦。」長大後的他選擇站在媽媽那邊，每講幾句話，他就會強調他們母子相依之路有多不容易。不過這個故事沒讓反派角色囂張太久，他的父親後來染上毒癮又生意失敗，他猜測，爸爸最後應該是走投無路、選擇自殺。

呵，現世報？這結局旁人看來解氣，他心裡卻糾結不已。當然不希望這個傢伙過得太爽快，畢竟他未認真履行作為父親的責任，但，自己的身上流著這個人的血液，作為兒子，又怎麼逃得過悲傷呢？父執輩親戚的勸說下，他買了機票啟程奔喪，但還是心亂如麻，不知道該用什麼心態參加父親的喪禮。

不知道劃位的地勤空服員有什麼通天本領，能讓一個失去母親而出走療傷的女子，遇見一個失去父親而回家奔喪的男孩？（但沒有天雷勾動地火的意思喔！）男孩大概花了一半的飛行時間傾訴他的故事，剩下一半的時間，我說，華人的喪禮相當漫長，作為兒子更有許多奇怪的任務，比如要把棺材上的釘子咬掉之類的，建議他把握時間趕快休息。

飛機快要降落時，用很僵硬的姿勢趴在桌板上睡覺的男孩醒來了，我思索了很久，決定跟他分享自己的故事，妳離世前一天下午發生的那件事。

那個下午，我從工作中抽身匆匆返家，妳躺在沙發上，而我坐在地上、將頭趴在妳身邊，哼著歌、講著些不著邊際的無聊事。突然，我不知道哪來的念頭，想要跟妳道歉。

青春期的我是難以管教的，尤其是高中時期，雖然沒有過於偏差的行為，但卻相當擅長在各種規矩之間找到縫隙興風作浪，玩社團、談戀愛樣樣來，經常交了補習費卻曠課跑去約會；半夜躲在棉被裡煲電話粥，家裡電話費曾經一度破萬；明明每天都賴床遲到，但朋友一約就就躡手躡腳偷跑出門看日出（台北市中心看個屁日出吼）。

我的高中生活過得多精采，妳就操碎了多少心吧。我還記得有一次，妳拿著我班級排名倒數十名的月考成績單跟爸爸抱怨：「妳女兒這樣會考不上大學！」爸爸老神在在地說：「我女兒知道自己在做什麼。」讓妳大發雷霆。

呃，謝謝爸爸也是我的腦粉，但坦白說，我那時還真的不知道自己在幹嘛。那時我對妳的擔憂不以為然，但步入社會、知道賺錢辛苦之後，才能理解妳當時的憂慮真有其必要。

妳生命的最後幾天，清醒的時間愈來愈少，幾乎吃不下固體食物，只能吞一點搗碎的布丁、養樂多，腳上也出現類似瘀青的斑點，我拿起手機試著查看看這是什麼東西，看到了「屍斑」兩個字，趕忙跳出畫面。到底是不是屍斑我不知道、也不重要，因為我知道妳應該快要到盡頭了。這輩子沒有對妳這樣道歉過，但如果妳快死掉了，應該可以開個先例。

「媽媽，對不起喔，以前小的時候常常惹妳生氣，讓妳擔心。」

才起了頭，眼淚鼻涕就開始蠢蠢欲動，短短兩句話說了好幾次才說完。對於我的道歉妳似乎也不意外，慢慢撐起頭，小小聲用氣音回我：「那有什麼關係，小孩子永遠是對的。」

這句話真的很荒謬，小孩子懂個屁、怎麼會是對的。但從我的腦粉（妳）口中講出來，好像又再合理不過。後來我才知道，原來臨床推動善終時，也經常引導家屬與病人進行道謝、道歉、道愛與道別，雖然不知道我的道歉有沒有讓妳臨終時更感欣慰，但我卻非常確定，住在我心裡的那個叛逆高中生，包裹在刺蝟般外皮之下、說不出口的歉意，終於有機會釋放。

「也許這是個好機會，你跟你的爸爸可以和解。」

「和解是什麼意思？」

「不管以前發生什麼事，你都好好的跟爸爸說最後一次再見。」

男孩沒有說話，下機之後，堅持盡地主之誼，陪我走到國際線轉機口才揮手告別，小小聲說了句：「姊姊謝謝。」

通往清邁的飛行路上，我腦中不斷重複播放那個下午後來的時光，妳罕見地叫我今天別回基隆了、留下來陪妳吧，妳應該知道，這將是妳在人世的最後一晚。我繼續趴在妳身邊，什麼有意義的事情都不做，哼著歌、滑著手機。

最溫暖的告別或許正是如此，不必跪地磕頭辭別再三，那是我們最美好的約會時光，也是我藏在心裡反芻再三的力量。

按摩教會我的事

「為什麼想去泰國學按摩？」這個問題被問了數十次，至今我還是說不出確切的理由，想了很久到底為什麼，大概是因為我太容易感覺到疼痛。

「就是單純的很好奇而已啊！」某個中午，按摩學校的老師們準備了野餐菜餚宴請大家，我與來自日本的女同學一邊捏著糯米飯糰沾醬吃，一邊閒聊，我們都只是很愛被按摩，愛到想要一探究竟，就跑來泰國學按摩了。是啊，就是因為喜歡被按摩，才想知道為什麼可以按得這麼舒服嘛。

我非常非常依賴按摩。在來到泰國之前，身為每天追著時間賽跑的財經雜誌記者，需要在短時間內大量消耗腦力，往往文章寫完了，身體想睡了，但大腦還在高速運轉、根本睡不著。因此，我習慣在截稿後鑽進按摩店裡，讓快被生活壓扁的軀殼，有機會吐出悠悠長長的氣。

節儉的客家婦女如妳，當然沒辦法接受按摩一次就要花一、兩千元，每次按摩結束睡眼惺忪回到家裡，都會得到妳一陣碎念：「賺錢很辛苦、不要亂花錢。」

但若不是受到妳過世的衝擊，我恐怕也不會鼓起勇氣來泰國學按摩，也就沒有機會驚喜發現，原來，按摩的訣竅竟然與人生道理一貫相通，想要做任何偉大的事，最重要的前提就是必須先照顧好自己。

其實剛開始上課時，挫折感非常強。第一是我剛抵達時，疑似在舉國歡樂的潑水節讓汙水進了鼻子，鼻樑腫得跟《阿凡達》裡的納美星人一樣高，在家裡躺了三天才見好轉。

另外，我這個一百五十六公分的亞洲人，身邊練習對象全是人高馬大的歐美同學，要搬動他們的大長腿不但得花些力氣，而且總覺得花了好多時間才按得完一隻腿（相對地，他們應該也覺得按到我這個短腿人很不划算吧哈哈哈）。

我對照課本上的範例圖，使出蠻力累得半死才把自己的手腳擺在同學身上的正確位置，心想，喔耶，總算完成了！豈料，老師卻皺起眉頭說：「這樣不對。」、「妳的身體不正。」、「妳不能憋氣。」哎呀，原來我一心一意想要把同學的身體調整成某個姿勢，但卻沒注意到，身為按摩師的自己，要嘛背駝了、要嘛手歪了，根本無法正確對客人施加力量。

而且，包括我在內，很多人都誤解了泰式按摩，覺得按摩師一定力氣都很大，否則怎麼能把客人折來折去呢？其實，按摩的訣竅不是手用力，也不是腳用力，而應該像做瑜伽，讓身體來出力，被按摩的人就像瑜伽繩一樣只是你的工具。

你要控制呼吸，你不能急躁出力，只有按摩師的身體平衡、吐納自然、充分延展，被按摩的人才有可能得到好的按摩體驗。是不是真的很像勵志格言的道理？愈是急著想要達到目標，愈是容易忘記，其實最重要的其實根本是自己。

我也很喜歡泰式按摩的開頭與結尾。開始時，按摩師會請客人躺下，自己則以四足跪姿，讓手掌如大象那樣緩而有力地行走，從小腿往大腿方向行經對方的身體。我們會停在客人的大腿根部一會兒，感受到對方動脈「撲通撲通」的跳動。

數完二十秒慢慢鬆開手，被按摩的人會感覺到身體有一股熱流也跟著朝外走。接著，我們再反著走回腳踝，甩甩手指頭，我習慣在這個時候默想：「疲倦都走吧，煩惱都走吧，那些不好的情緒都離開這裡吧。」趕走了壞情緒，心才能靜下來開始一切療程。

而泰式按摩的結束也饒富禪意，當按摩師請你坐起來，開始合掌上下敲擊你的背，然後用手指再一次輕輕由上往下撫過你的背，由內往外掃過你的肩，把氣理順，按摩療程大功告成，無論是被按摩的人或者是按摩施作者，我們都已經煥然一新。

這些動作不是太難，這樣反覆練習的日子有些枯燥，但是卻讓我感到無比的平靜自在。這大概是學按摩帶給我最大的收穫，得到與自己和平相處的力量。

一位女作家之死

第一次發現自己好像稍微從情緒泥沼中脫離，我正在清邁古城東北方，一個叫做 Mae Kampong 的深山小小村落度假。

趁著這次短居清邁，禮拜一到禮拜五，我在市區認真學按摩，週末則收拾簡便的行李，到有點遠又不會太遠的地方度假。我去了隔壁的南邦府（等同我們的縣市）看看馬車、造訪蟲蟲市集；也邀請爸爸專程飛到清邁一起去附近山林中的樹屋；最後，老公親自來清邁押解我回台，我們自駕去一個水庫上的浪漫小木屋（但那個晚上我非常想殺夫）。

而我說的深山小小村落是一個種咖啡的農村，沒什麼厲害的景點，說穿了，就是個賣純樸、賣安靜的小村子。我在第三個週末，請我市區公寓的房東替我安排了行程，用七百泰銖換得那個村落民居家的一泊二食體驗。

我被安排住進一間木屋，真的就是當地人的家。天花板沒有封頂，隔壁就是男女主人的主臥室，你一開燈、全家都醒。房間內什麼都沒有，一張床、兩顆枕頭、一床被子以及一張毯子。

至於行程，一如在泰國的每一天，完全不追求效率、跟著自己的心，想做什麼就做什麼，廢著也沒有關係。下午，到村子的最高點，看一棟棟小木屋像躲貓貓那樣藏在山谷裡頭。傍晚坐在民宿門口的吊床，一邊躺著看書，一邊陪主人的孫女看泰語配音的電視卡通頻道，期間，路邊小狗叼走我放在門外的鞋子，女主人追到馬路上把鞋撿回來。

晚餐後，一邊享用女主人畢恭畢敬端來的橘子，一邊應男主人之邀，觀賞電視裡正播放的泰拳比賽。這位阿公級的男主人一改白日空靈緩慢的姿態，經常激動大喊「Yeah!!!」、同步模仿膝蓋頂人肚子的攻擊姿勢。

直到睡前拿起好一陣子沒看的手機，不得了，好幾位朋友傳訊給我，問我：

「還好嗎？」

帶著疑惑地點開臉書，塗鴉牆的討論串已炸裂，原來，一位多年來受憂鬱症之苦的台灣女作家，在家裡結束了自己的生命，傳訊息來關心我的朋友們，多半是擔心我受這個消息影響。有此一說，了結生命的念頭跟嘔吐有點像，一個人吐了以後，旁邊的人也會跟著想吐。

遠方傳來悶悶的雷聲。我在網路上看過那位女作家，在婚禮上勇敢陳述自己與精神疾病交手的過程。那段「起不來、睡不著、照三餐哭」的日子，其實不過是幾個月前的事情，但此時此刻，我卻覺得有些遙遠。

夜裡，山中降下狂暴大雨，冷冷的雨水唰地澆上烈日烘烤一天的土地，飄散出一股台灣夏天午後雷陣雨的味道。閃電與雨聲不斷從木板牆縫中鑽進來，逼得我從背包裡翻出眼罩與耳機，斷斷續續、昏昏沉沉地睡。

我做了一個很真實的夢，一對小情侶千方百計想要逃出他們生長的村子，這村子在水邊，逃走唯一的路就是游泳。有點像是湯姆克魯斯演的一部電影《明日邊界》，死亡後，主角會帶著記憶返回某個記憶節點重新開始。在逃走的過程中他們經歷了一百種死法，被村民抓到打死，在水中溺死，總之最後，其中一個人躲在洗衣機裡頭被打成爛泥，另一個人游到很遠很遠很遠的海邊，回頭看著村子，想著：「啊，原來自由是這樣的感覺嗎？」

從這個夢裡醒來時，我感覺自己是從水裡回來的。先聽到村人們窸窸窣窣活動的聲音，河水淙淙流過的聲音，然後感覺到太陽的溫度，睜開眼睛，照進房間裡頭的光線中飛舞著細小灰塵。我動一動手指頭、腳趾頭，翻翻身拿起手機，啊，清晨六點，這村子彷彿已與昨夜的暴雨無關。

離開村子前，我找了一間面河的咖啡店坐下來，拆了正在閱讀的書皮當作稿紙，把這個夢境記錄下來。

「請問，妳在寫些什麼？」坐在一旁的老先生問我。

我想了一下，決定用最簡短的方式回應：「一個關於逃脫的夢境。」

被自己的低潮所困住時，我曾經瘋狂搜尋其他人戰勝憂鬱的經驗，渴求自己也能出現一點點相同的徵兆，讓我知道自己還有康復的希望。直到昨夜，在安靜的深山中面對排山倒海「某位憂鬱患者自殺了，而妳還好嗎」的訊息，心裡竟然沒有太大的波瀾，我才發現，沒有預兆，自己不知不覺之間，已經好轉許多。

離開 Mae Kampong 的時間是上午十一點，露水已乾，陽光烈炙，只剩下路旁亂七八糟傾倒的樹幹枝葉，隱約透露昨夜曾經暴雨如注。求生一點也不瀟灑，甚至有點難堪，但還好，被雨淋濕的土地還是會乾，曾經荒蕪的地方還是會冒芽出來。

媽媽，我應該安全了，對嗎？

被記得，就存在

一轉眼，妳離開已經整整一年了。

據說，過世的第一年，妳的牌位必須單獨祭祀，不能加入「祖先」的行列之中，但家中的空間不夠，於是我們讓妳暫厝在靈骨塔，一年試用期滿（？），再移回家中舉行合爐儀式，讓妳從有名有姓的「故妣朱媽〇〇〇夫人」，變成「朱姓歷代祖考妣之靈位」的一員（溫馨提醒：游太太本人並不姓游）。

所以我們再度要死不活地在妳的牌位前念經了，啊，到底為什麼做什麼事都要念經？

好不容易念完經，法師揮揮衣袖，莊重地將祖先牌位取下，打開背後的內牌。我以前就聽說過，祖先牌位後面會存放著列祖列宗的名冊與生卒年，聽起來是個非常神祕的存在，在我的想像裡，應該跟族譜一樣，浩浩蕩蕩的名單開枝散葉，顯現出家族的輝煌。

不過……嗯，如果我的想像是泡麵碗上澎湃的示意圖，眼前的畫面就像泡麵本人，沒有牛肉、青菜，更沒有荷包蛋，只有硬邦邦的麵條跟調味包而已。我們家的祖先牌位內牌，上面只有……一個名字。

「咦，只有一個人啊？這位……是？」法師似乎也有點愣住。

這個人是妳公公、也就是我的爺爺。也對啦，爺爺奶奶一九四九年才來台，這個牌位可以說是非常新，截至目前為止，家族裡確實只有爺爺與妳過世。

「那你們的阿嬤呢？怎麼沒有寫上來？」法師又問。

弟弟看著我，我看著姊姊，姊姊看著法師，我們異口同聲說：「在……後面。」

為了避免法師誤以為阿婆（祖母）的魂魄在他背後，我趕快小小聲補一句說：「阿嬤……阿嬤還……還在世……。」

確實，妳過世時是六十歲，有很高的機率婆婆已經不在人世，不過，法師猜錯了，我們的阿婆身體非常健朗，礙於習俗無法參加媳婦的合爐儀式，此時此刻正在餐桌前坐著看報紙。法師看起來很尷尬，連忙在那份孤孤單單的名冊上，寫下妳的名字與生卒日期，重新把祖先牌位組裝好、擺回原處，而原先屬於妳的那個牌位，則撕去名條、毀壞作廢。

從今以後世界上能夠證明妳曾存在的物品又少了一樣，我原本有些惆悵，但後來，九十幾歲的阿婆告訴我，形體放在哪裡並不重要，只要被記得，就會永遠存在。

「家裡沒有女人，怎麼像是家呢？」妳過世後，阿婆這樣說，並搬來我們家與爸爸、弟弟同住。經常回娘家鬼混的我，好幾次與她談及生死。許多長輩對死亡都很忌諱，阿婆偏偏例外，有一次她看著自己喜愛吃的海參，望參興嘆地說：「哎，我八十歲的時候，牙醫建議我再做一副新的假牙，那時我想，自己應該快死了吧，還花這個錢做什麼呢？早知道那時候就做了，還可以多吃十幾年呢！」

阿婆的老年生活獨立而豐富，自己買菜、煮飯、洗衣、搭公車，自己去老人大學上課，到圖書館借書，或是去醫院參加健康講座。中華棒球隊在國際賽事出戰時，她揉著眼睛熬夜看電視轉播；選舉到了，她拿著放大鏡把選舉公報仔仔細細的讀完，才去投票。

她很早就自己簽了放棄急救同意書，也決定往生後要採取樹葬。我得知此事時非常驚訝，趕忙提醒她：環保葬不但沒有墓碑，而且土壤會不斷被翻動、重複使用，妳的頭頂、腳下，可能都有「別人」喔！

「那有什麼關係呢？」阿婆笑一笑說，三代以後，世界上已經沒有認識她的人，不如化作春泥滋養樹木，淨化空氣潤人肺腑。她還交代，生死兩茫茫之際不要實施急救，做七、百日、對年這種陳舊席習俗，大可直接省略。

阿婆真的是很帥的老人家！不過，相比之下，妳這個媳婦不但住在靈骨塔裡，我們還年復一年地焚燒紙錢汙染空氣，簡直是太過鋪張！希望我們浮誇的行為，沒有引發如今妳們在平行時空的婆媳問題。

阿婆在妳離開兩年半之後，以一種非常和平的姿態過世，醫生知道她不急救的心願，住院的那幾天沒有讓她打太多點滴，因此她最後留下的身體沒有水腫。告別式那天，她的妝容非常素雅，還微微看得到些許老人斑，就像睡著那樣安詳。

阿婆高壽，又對死亡看得那麼透，我的悲傷並不如原先擔心的那麼巨大。也因此，有了些餘裕觀察告別式會場種種形貌。首先，我替妳感到難過，因為阿婆的妝很棒，而妳卻被畫成小鳳仙。為什麼婚禮的新祕可以試妝，告別式的化妝師不行呢？

再來，人太高壽好像有個壞處，那就是兒女多半也已步入老年，法師帶領我們念經時，我看著在前排跪著的爸爸身體巍巍顫抖，他旁邊的叔叔伯伯看起來也都很吃力。吃力到什麼程度？中場休息時間，法師轉過身來，對著滿頭花白的孝男們幽幽說道：「孝順首重心意，不能跪就不要勉強⋯⋯。」

後來又過了半年，家裡的老貓也離開了，老貓跟阿婆一樣，都以環保葬的方式落腳富德公墓詠愛園，只是貓的骨灰是直接灑在特定的花園裡頭比較隨性；人的骨灰家屬能選擇要安置在哪一塊花園，工作人員會帶領你到指定位置，把骨灰跟幫助分解的營養土攪和均勻、然後倒進預埋好的洞裡，便大功告成。

我想，妳們那邊婆媳兩人與貓的組合，現在大概也是貓肥家潤的熱鬧生活了吧？

出書罵媽媽才是正經事

妳還記不記得，我帶妳去北海道旅行的時候，在洞爺湖的溫泉飯店對妳大發雷霆，因為妳在裸湯區把頭湊近正在洗澡的日本女生，端詳她用的沐浴乳品牌。還有一次我帶妳跟爸爸去澳門，半夜櫃檯打電話給我，叫我去把父母領回來，原來你們偷偷跑去賭場，結果房卡消磁回不了房間，東窗事發。

這些咒罵父母的旅行小故事，都被出版成書了喔（笑）。

在妳罹患癌症之前，節儉的妳覺得旅行花費昂貴，總是說「以後我要去這裡玩」、「以後我要去那裡玩」；而我，與天下二十幾歲的年輕人一樣，喜歡與朋友膩在一起、工作的事永遠比較重要。我們都以為，家人不是一輩子都切不開的關係嗎？出遊何必那麼急？直到妳身上的癌細胞告訴我們，每個人的一輩子都有保存期限。

我們開始常常出門玩耍，但是妳跟爸爸實在太常做出一些讓人生氣的事情，又愛唱雙簧強稱自己是合理的，於是我隨手在部落格寫了罵你們的文章，竟然爆紅，三天就創造二十萬次瀏覽量。也因此，我離開記者崗位後的第一個工作計畫，就是應出版社之邀，把與你們旅行時發生的惱人小事全都寫出來，以慰天下子女之恨。

對於一個每週都得交出數千字報導的記者來說，寫一本五、六萬字的書，其實並不難，難的是怎麼把這些書賣出去。

為了讓書有更多曝光機會，只要有通告上門，我一定傾力配合。我曾經在談話性電視節目示範泰式草藥球按摩，被我按摩的人是誰？是李昂老師。嗯……我猜妳應該不知道李昂是誰。就是寫《殺夫》的那個李昂。……還是不知道？沒關係，大概就是食譜界的傅培梅那種等級（傅培梅是媽媽非常喜歡的電視美食節目主持人），懂嗎？

我也突發奇想，跑去跟跟各縣市的獨立書店洽談，一口氣舉辦十幾場新書分享會，每個週末帶著裝滿書的行李箱，搬一個半人高的超大看板，搭火車全台跑透透，試著找到更多會喜歡我的書、也願意付費買單的人。

這場自討苦吃的旅程過程奇幻萬分。那些在粉絲專頁按讚、留言的帳號們，都化為一個一個真實存在於世界的人。人少的時候我乾脆關掉投影螢幕說：「不然我們直接聊天好了啦！你們ＶＩＰ欸！」人多的時候我會感動地說：「天啊！我真的有讀者！而且我都不認識你們欸！」

南部縣市的分享會氣氛最歡樂，每一場都有人帶著當地有名的小吃、飲料、伴手禮前來，深怕我顧著準備演講忘了吃飯（那時候我還很瘦）。還有開連鎖飲料店跟開零食店的讀者，贊助全場一人一杯手搖飲，桌上有吃不完的金幣巧克力。

但最讓我難忘的身影，是其中一場分享會，有個美麗的女孩，她坐在後面幾排的角落，很有氣質。演講結束後，游先生負責收錢賣書，我負責簽名合影，女孩在人群的末端沒有離開，我想，她應該有話想對我說。

那天分享會，我講了熊牧場的故事。

熊牧場是我和妳一起去北海道旅行時造訪的景點。這裡是跟團旅行的芭樂景點，顧名思義就是一個有很多熊的牧場，每個人都會得到一小袋蘋果，可以把蘋果丟到柵欄裡頭餵熊。對，要用丟的，而且距離非常遠，畢竟跟餵鹿不一樣，熊會吃人，而鹿不會。

「熊熊～來吃蘋果囉！」妳非常興奮，對著隔著壕溝不斷試著兩腳站立吸引旅客注意的熊喊著。丟完自己手中的蘋果，又把我手中最後一顆蘋果搶走，結果，妳根本是被家庭主婦耽誤的棒球投手，最後那顆蘋果，不偏不倚準確砸進熊的嘴巴，連熊都驚呆了。妳樂不可支，像孩子那樣大聲笑了出來。

妳生命最後那段日子，有一天，我回娘家陪你聊天，妳跟我說：「妹妹，妳記不記得我們去北海道的時候，去一個熊牧場，那裡好好玩！」

我萬般想不到，妳早已忘了小樽運河的優雅、函館百萬夜景的霸氣，卻牢牢記得熊牧場。妳還說，每當嗎啡貼片也無法緩解沁入骨髓的癌痛，妳有一帖特效藥，就是打開手機相簿，看看一家大小去旅行的點點滴滴。因為妳這句話，那些旅途中不斷升高的憤怒值，好像都值得了。

讀者都散去之後，美麗的女孩果然害羞地拿了書來讓我簽名。她說，一開始買書是因為我們都有一個「廢物老公」，但讀完卻深深被罵爸媽的篇章所觸動，因為她的媽媽正在抗癌之路，我的書讓她認真思索「盡量不要太生氣」地帶著母親留下更多回憶。

家有重症病人，出門絕對有千百種考量，想帶妳體驗好多好多事情，但又怕體力無法負荷；想要謹慎地等妳好一點再去圓夢，但心底卻知道一切只會更糟不會更好。這般百轉千迴，只有經歷過的人才能體會。

生氣、憤怒、不耐煩，害怕、擔憂、想再替妳多做點什麼，無論是哪種情緒，背後反映出的都是愛。這些愛像可儲存的能量，透過一次又一次講述，我的內心於是愈發堅強。

寫作、出版以及不斷講述，其實也是收斂內心那個巨大黑洞的過程。嗯，雖然有點消費亡母，但我確信，出書罵媽媽不但是正經事，還是好人好事！

喪母俱樂部

「喔，X，母親節又來了。」

「康乃馨去死！」

每年五月，我與K的聊天視窗一定會有這樣的對話出現。

一年的某幾個節慶期間，只要在LINE的對話視窗輸入特定的關鍵字，系統就會在對話框裡頭放出相關特效，例如農曆新年放放鞭炮、中秋節出現大月亮、聖誕節則是白雪紛飛，這些我都沒意見，但是母親節那些盛開的康乃馨畫面，或是熊大俏皮地跳出來遞出康乃馨，卻特別讓我們惱火。更讓人生氣的是，每年關鍵字都不一樣，所以每年都還是會中招！

或許因為我曾經在社群媒體分享自己喪母後所遇到的身心問題（寫這本書

的同時，才知道自己當初分享的種種根本還不到真正的坦承程度嘛！），於是有朋友因至親離世，便經常會找我抒發心中的痛楚。

K是其中最交心的一個，我們認識多年，但卻直到母親雙雙罹癌才開始掏心掏肺、無話不談。她媽媽比妳年輕幾歲，發現罹癌的時間差不多，但比妳晚離開一兩年。雖然直到多年以後我才知道她媽媽是肺癌不是乳癌，但反正都是癌症（？），我們在一次聊天中，戲謔地組了帶有濃厚黑色幽默意味的組織，名為「喪母俱樂部」，在母親節痛罵LINE的母親節特效，以及那些投放鼓勵母親節消費的各種廣告。

同道之人嗅得出彼此的氣味，有些事情，真的得要經歷過的人才懂，比如K告訴我，她覺得媽媽還在弟弟不在病房的時候嚥氣，我立刻尖叫：「我媽也是！」

妳的最後一晚，我們知道妳已在登出的路上，但弟弟半夜陪著妳睡時，妳即使呼吸再喘也還是死命撐著，等到早上換我輪班時，就放心撒手歸西。

K聽完大笑說：「媽媽這種生物怎麼回事啊！弟弟不能承受，我們就能承受嗎？」彼此謾罵母親一番後，得出一個結論，那就是，媽媽被我們罵只能說是活該，誰叫妳們要這麼早離開我們，不然如果繼續活著，至少還可以替自己辯駁幾句！對吧？

我們也會做一些很荒謬的迷信動作，好讓自己感到妳們其實依然陪伴在我們身邊。我遇到人生難題時經常會在心裡暗自呼喊：「媽媽快點來救我！」K則是萬事都想擲筊問媽媽。後來，她發現丈夫外遇，渣男很囂張地提出離婚並叫她滾出他家。傷心的K到母親的靈前擲硬幣，希望母親給她一點意見。

「我要簽字嗎？」笑杯、笑杯，不誇張真的瘋狂笑杯。

「還是我要原諒他？」怒杯。

「那我應該離婚嗎？」聖杯。

「媽媽妳是不是覺得婚當然要離、但不能放過他？」聖杯。

「告死他，怎麼樣？」連三聖杯。

後來，K還算順利地離婚、提告，雖然沒有得到多少賠償，但也算是以鈔票的力量出了一口惡氣。我們總是笑著說，如果未來的追求者問她想去哪裡約會，一定要安排北海岸一日遊，只要願意去媽媽靈前擲筊正面對決，立刻加分百分之五十，如果擲三個聖杯，立刻馬上湊過去舌吻。

我在想，如果妳跟K的媽媽在陰間結為朋友，應該也是這樣聚在一起嘰嘰喳喳罵女兒吧，設計對話大概如下：

「喔，妳女兒又來擲筊了喔？」

「好煩喔，什麼事情都要問，真的不想理她欸。」

「我女兒也是，都幾年了，遇到什麼事情還在喊媽媽，這種就是媽寶啦！」

對，我們真的是媽寶，不過，我們很偶爾也會有自我檢討的對話。比如年輕的時候顧著談戀愛、常常不回家，對媽媽說話的時候總是沒有耐心，總是覺得自己一定要過上更好的日子，才不會跟媽媽過著一樣的人生，卻沒想到，媽媽的人生如果看起來有點蒼白無力，那是因為把她擁有的色彩都給了我們。

我們若無其事地繼續生活，賣力地讓日子過得精采，因為無論如何都不想要被別人看穿自己還是渴望被當成孩子寵著，因為那不可能，今生今世我們再沒資格當媽寶了。

我們就像是戒酒團體那樣，有著同樣困擾與傷痛的人推門走了進來，圍著小圈圈坐下，彼此陳述這一路走來所看見的風景。

以前的年代，家庭結構多半三代同堂，街坊鄰居互動也很密切，人們可能很早就透過三叔公、二嬸婆之類的遠親近鄰，慢慢理解死亡是什麼回事。甚至如果家族中曾有人受無效醫療所苦，更會讓被留下來的人，產生對生命的反思。但現在家庭結構改變，現代人往往第一次面對死亡就是自己的至親。比如我第一次看到棺材裡躺的人，就是被畫成小鳳仙的妳，親生母親欸，根本是第一次打怪就打到大魔王！

知道自己不是一個人在地獄行走，也不只有自己的悲傷是這麼巨大，這路也就沒那麼孤獨難行。有時候講到哭了，互相罵聲髒話，好像又有繼續笑笑地罵妳們太早離開的力量了。

這世界不愁沒有網美專家，更不缺頭頭是道的專業理論，但面對人生必經的離別，如果想要得到正視傷口的勇氣，或許，我們需要的，只是多一點點、一點點就好的幽默感。

對，我喪母，我驕傲，ＹＡ！

喪母筆記 03

請記住，你可以求救

喪母俱樂部有一條隱藏規則：當你快撐不住時，一定要喊人來接你。

- 如果你的日子開始像電影快轉一樣，每天只是「撐著過完」，連吃飯、洗澡、起床都覺得難，**請記得世界上還有身心科這種地方**。醫生不會說你矯情，他們會問：「你最近睡得好嗎？」
- 當你發現自己開始遠離朋友，請試著找個人聊聊，即使只是說：「我最近有點難熬。」總之，請**讓自己維持一點與世界的連結**。

- 如果你真的開不了口，先給自己一個挑戰：**至少試著求助**一次，**看看會發生什麼事**。你可能會發現，有人願意接住你。

- 倘若你不知道怎麼求助，也不知道該找誰說話，那就先對自己說說看。寫下來也好、錄音也好，或只是靜靜想一想。你不需要立刻好起來，但請提醒自己：**光是能夠走到這裡，就已經很不容易了**。

偷偷跟妳說，
我經常想，
如果妳也在這裡就好了。

Part 4

後來，我也成為媽媽

人生前半場，我是個對幼童毫無好感的人，哭泣的小嬰兒與炸彈無異，尖叫跑跳的幼兒更足以讓我倒彈三百公尺。生小孩？這種摧毀職涯發展，從此再也沒有個人自由的苦差事，不可能出現在我的待辦清單上的。

奇怪的是，從「抵死不生」到「有個孩子也不錯」，驅動轉變的關鍵，不是誰的小孩多可愛，誰生了小孩依然保有自我的成功案例，而是因為我實際見證了生的對立面——死亡。

第一次產生這樣的念頭，是妳還在世時，我去友人爸爸的靈堂拈香祭拜。鄉下殯儀館沒什麼人，靈堂原本大門深鎖，友人借了鑰匙打開門，窗外的光線透進室內，逆光中灰塵點點飄散更是清晰，媽啊，隱隱約約像是有個人坐在靈前，我嚇了一跳。

電燈點亮後我才看清楚，原來友人把他爸爸生前穿的外套、衣服、褲子披掛在椅子上，地上則擺著鞋襪。原來，這也是傳統喪儀的一部分，好讓魂魄熟悉這個為自己設立的靈堂，只是，在當時的我眼中，這個情景帶著濃濃的孤單。

直到朋友的弟弟帶著女兒來，這幅孤單的畫面開始轉變。四、五歲的小女孩童言童語地說：「為什麼阿公還在睡覺？睡好久！」大人祭拜時，她追著一隻很大的蒼蠅跑來跑去，笑聲很開朗，讓人差點忘了這裡其實是個悲傷的場合。

陪伴妳走向死亡的過程，我又再次想起那天的小女孩，她的身影彷彿是黑白畫作裡唯一的彩色圖案，坦白說，那段對未來沒有希望的日子，萬幸還有姊姊與弟弟與我一同分擔。漸漸地，我的態度開始轉變，開始不排斥有個孩子。

在妳離開後的第五年，有個小生命來到我的身體裡。

外婆的內線消息

那個晚上，妳來到我的夢裡。夢裡頭，我、姊姊、還有妳，三個人興致高昂地聊天，我們正在討論姊姊到底有沒有懷孕，我很興奮地一直嚷嚷著哪有人自己懷孕都瞞著不講。

「那妳呢？妳是不是懷孕了？」夢裡，妳沒有隨著我的話題起舞，反而冷不防轉頭問了我這個問題。

我愣了好幾秒，還是快人快語的回應：「沒有吧？怎麼可能？」接著驚醒，看了看手機，凌晨兩點鐘。

我思索著這個夢到底什麼意思。這些年來，妳總是偏心的出現在姊姊的夢裡，我夢到妳的次數大概一隻手數得出來，有沒有可能，妳想跟我說些什麼？

而且，我的生理期確實遲到了好幾天，我是不是該去驗孕？

但但但，我的月經時間一向不固定，晚個幾天根本不足為奇，而且每次只要驗孕，隔天生理期就會來報到，讓我這個血統純正的客家婦女深感浪費。

最後，我還是翻箱倒櫃找出一個朋友贈送的驗孕棒，走進廁所。因為我想到，前陣子另一位朋友請我在他母親的喪禮幫忙收白包，為了替喪母俱樂部「吸收下線」，即便我是個非常不會算錢的人，但我還是義不容辭地答應：「可以啊！如果我沒有懷孕的話！」

我心想，既然做了夢，又有免錢的驗孕棒，那就驗一下，順便跟朋友回報吧。

……等等，我揉了揉眼睛，這……這是，傳說中的兩條線？？？？？？

「X！還真的有喔？？？」兒子抱歉了，我真的罵了髒話。當時，我的內心很激動，但好像不是感動，也不是開心，而是滿滿的不可置信。畢竟，上一個週期，號稱積極備孕的我們非常怠惰，根本沒有認真「做功課」。

再仔細一看，這兩條線的深淺略略有些微差距，我焦慮地想著，一深一淺到底算是有還是沒有？趕緊把睡夢中的游先生挖起來，揮舞著驗孕棒跟他說：「老公！你看！我剛驗孕！」

他睡眼惺忪地睜開眼，連對焦都還沒完成就迷茫地回我說：「好。」

……好個屁啊？他以為他是誰？皇帝還是總裁？乾脆回我「如擬」算了。

原來，最好使用晨尿來驗孕，不僅是科學考量，更有著心理層面的考量，因為白天才有人能夠跟孕婦一起分享結果啊！雖然我有傳訊息問朋友這樣到底算怎樣，但，眾生沉睡的凌晨三點，自然是沒人讀、更沒人回。

我躺在床上，完全無法入睡，腦裡的思緒如千軍萬馬奔騰而來，沒有太多感性與浪漫，大部分都是讓人焦慮感大爆發的理性盤算：接下來要準備買車、訂月子中心，但我的接案工作卻可能要降低強度，戶頭存款還有多少錢？是否

足以支應這段時間的開銷？什麼時候要告訴爸爸、告訴公公婆婆？（喔真是謝了不用告訴妳～）

我起床喝杯水，試著幫自己加油打氣。既然妳都專程來通知我了，一定也在旁邊陪我，對嗎？

撐到天亮後，我又打開了新的驗孕棒，這次是清楚的兩條線，看來……新科外婆的內線消息很準確喔！

再次把游先生挖起來，我們衝去婦產科，他板著一張「為什麼要一大早把我挖起來」的厭世臉，那時我還不知道，想殺老公的心情會在孕期中不斷放大，小孩出生後更是頻繁想拿起刀，但又因為一個人育兒更累只好含淚把刀放下……。

從婦產科醫師口中聽到：「太好了！恭喜妳！」之後，我的情緒終於稍微安定一點，可以拉著老公去吃早餐，順便說些垃圾話了。

沒有搭配咖啡的早餐時間，我們討論過去一個月我過得多荒唐。我不但去喪家上香，也喝了一點小酒，還跟老公兩人騎機車去一兩個小時車程的地方玩耍。總之，我真的完全沒想到自己會懷孕，妳大概是看不下去女兒懷孕還渾然不自知，才無奈地設法入夢提醒，表達出「欸妳給我有分寸一點」的碎碎念吧？

還是說，因為妳生過三個孩子，知道懷孕對女人來說是陌生而艱難的一件事，想要給我加油打氣？或者，妳就是想要刷存在感、參與女兒的人生大事？

不管這個夢到底代表什麼，總之……媽，謝啦！

新加坡的魚尾獅

即使現在我已經把小孩生出來了，我還是常常思索，新聞裡那些未婚懷孕在廁所產子的少女們，為何可以等到肚子隆起才發現自己懷孕了？難道她們都不會不舒服嗎？像我這般的高齡產婦，早在胎兒僅僅一顆綠豆大小的時期，就開始面臨各種身體不適症狀。

最先降臨的是獵犬鼻附身。

我似乎可以聞到方圓十公尺內的所有氣味，那些好聞與不好聞的，全都在我的鼻孔中活跳跳地穿梭。菜市場裡的豬味、魚味、雞味……路邊店鋪賣的水煎包、豆漿、蛋餅……更慘的是還有水溝味、垃圾味……。人生百味集結在鼻腔裡，讓人抓狂。

「恭喜妳加入獵犬一族。」從高中認識至今的摯友土城許太太，已經育有兩個女兒，得知我懷孕後，立刻衝來基隆，拿著醫院開給我的產檢計畫表，一項一項解釋給我聽。妳已經不在了、姊姊沒有生小孩的打算，幸好還有她，一對一說明那些關於孕婦需要迅速惡補的知識。

原來，懷孕後內分泌改變會讓準媽媽在孕初期對氣味變得很敏感，有的人連聞到家裡的洗髮精、沐浴乳，甚至連打開冰箱都會覺得噁心。這個道理實踐在我身上，就是花了一萬多塊去住高級飯店，結果大部分時間都在昏睡，端著盤子在自助式晚餐餐廳徘徊，毫無食慾，勉強嚐了一些，卻覺得最受歡迎的螃蟹有抹布臭味！（恨！）

前幾個禮拜，我還想著，原來孕吐就是對各種氣味敏感、容易噁心，真是幸運。可惜事情沒有憨人想的這麼簡單，第八週的某個清晨，我照例在起床洗臉刷牙時，因為牙刷觸動口腔而產生了噁心感。

但，今天好像有點不一樣。因為這股噁心從「感覺」化成「實體」，我竟然吐出來！原來吐出東西跟單純噁心是完全不同層次的事！從此，我從獵犬鼻晉升為新加坡魚尾獅，隨時可能從嘴裡噴射出一道水流。每天從醒來就開始吐，一天吐個五、六、七、八次都不奇怪，胃裡的東西都吐光以後就吐酸水跟膽汁。

我能吃的東西更少了，想到這些東西吐出來以後的滋味，就足以讓人食慾大消。吐到最後，我開始進入半放棄階段，既然都會吐，乾脆吃點吐出來口氣比較芬芳的食物，比如吃芭樂配烏梅汁，就是很適合嘔吐的食材配方。對我來說，嘔吐的難受甚至超越安胎針造成的嚴重皮膚過敏，還獲得婦產科醫師的讚嘆認證：「嗯……妳真的吐得很慘欸！」

更慘的在後頭（怎麼還有更慘的事？），雖然我是自由接案的文字工作者，但大部分的採訪地點都在台北，必須搭火車、客運前往，偏偏懷孕後的我很容易暈車，暈車以後就會想吐，每次到了台北，下車以後第一件事情就是去找有公共廁所的地方嘔吐，好幾次來不及直接蹲在人行道上呈現魚尾獅噴泉狀態。

「懷孕好痛苦喔……。」

「一開始就這樣，接下來還有兩百天怎麼辦？」

成為孕婦之後，我沒有一天不想到妳。此時的胚胎才幾公釐大，生理上無法感受胎兒的存在，心理上還沒適應即將成為媽媽的身分。幾乎每天，我在趴在馬桶一邊吐、一邊掉眼淚、一邊想妳。

每一天，我都好想問妳，妳到底怎麼把小孩生出來的？而且還是在丈夫忙於工作的情況下，十年之內陸續生了三個孩子？

媽媽有孕吐嗎？媽媽有長妊娠紋嗎？妳還在世時，我對懷孕生子之類的話題毫無興趣，從未好好跟妳聊過孕期諸事，但，如今的我真的很想知道答案。

我試著拿這些問題去請教爸爸，不過……不愧是妳老公，他想了很久很久，然後回答：「應該、好像、沒有吧。」

雖然不記得亡妻肚子上有沒有妊娠紋滿扯的，但在這種死無對證的情況下，爸爸選擇誠實告知而不是漫天撒謊，還是值得獎勵。而且，包括我在內的每個家人都曾經輪番幫妳護理肚子上因癌症開刀而留下的長長傷口，卻沒人記得妳肚子上有沒有妊娠紋，好像也沒資格批評爸爸（攤手～我們是專注在傷口上啦）。

雖然不記得妳的肚子上有沒有紋路，但我還記得當時幫妳護理傷口的戰戰兢兢。那條直直穿越腹部的傷口，曾經像蜈蚣一樣爬滿線頭，我們得用大支的棉花棒沾生理食鹽水仔細清潔，有時候扯到線頭，妳會「哎喔」一聲。

妳的肚皮摸起來鬆鬆的、軟軟的，跟當時我的瘦皮猴肚子是完全不同的觸感。孕期的我，每天努力在肚皮上擦著護理油、緊實霜，也是那時候才想到，妳年輕時也是苗條而漂亮的，大抵是因為生了孩子才與緊實而富彈性的肚皮告別吧？不知道妳有沒有曾經後悔過？

踏上為人父母之路後，才知道孩提時習以為常的種種畫面，從來都不是理所當然，而是父母默默替我們負重前行。比如媽媽哪裡喜歡吃芒果籽，其實只是想要把豐美多汁的果肉留給孩子；比如媽媽根本就沒有半夜去坐客廳沙發的習慣，根本是擔心夜歸的孩子罷了。

真的好想再見到妳。其實，我最在意的根本不是妳肚子上有沒有妊娠紋。我只是在領會當媽媽千萬分之一的辛苦之後，好想親口告訴妳，媽媽，抱歉，我現在才知道妳是那麼辛苦。

（但感覺我會被嗆「我以前哪有這麼多症頭，早就叫妳趁年輕生」，怎麼辦？）

血型世紀之謎

第一次知道肚中小人的性別，是在差不多滿三個月的初期唐氏症篩檢。妳應該不知道什麼是唐氏症篩檢，那個年代的孕婦沒有這麼多產前檢查項目吧？總之，這是一次超音波檢查。

我記得妳說過，以前的超音波技術沒那麼發達，有的婦產科醫生還以「判斷是男是女很準」而成為名醫。現在這個「眼見為憑」的年代，婦產科照超音波不但很方便，幾乎每次產檢醫生都會幫忙照超音波，甚至有些私人診所的系統，還能直接把剛才的超音波電子檔傳到手機裡留存呢。

那天，負責幫我照超音波的醫檢師，依例在肚皮塗上涼涼的凝膠，手拿著超音波探頭，左推推、右嚕嚕，然後定位測量一些數據。突然，他冷不防說了一句：「喔~這裡有一個長得跟竹筍很像的東西，尖尖的，不知道是什麼！媽媽妳參考看看吼！」

什麼？這麼突然？就知道是兒子嗎！我被這突如其來的宣判嚇得反應不過來。其實，我對性別沒有特別的執著與偏好，但，潛意識大概希望肚子裡漂浮的是個男孩。

童年模糊的記憶中，有一個印象特別深刻的場景。走過家裡的長廊，我聽到妳在房間裡跟阿姨聊天，主題大概是說，妳懷我時，醫生明明說我是個男孩，結果生出來卻是個女孩。妳長吁短嘆道：「哎，真可惜。」這個恐怖的記憶曾經讓我難以釋懷，長大以後曾經問妳好幾次，妳都矢口否認，說是我自己做夢夢到的。

其實，就算妳真的這樣說過，我也不會生氣。在妳那個年代，想要生個男孩絕對是如影隨形的壓力。即使今日男女平等已是主流，但華人社會裡，重男輕女的路仍然沒有消失，所以，如果我不確定自己會不會生第二個孩子，那，第一胎還是男孩比較好，才不會經歷無心但卻傷人的對話啊。

而且，根據我對妳的了解，我要大膽提出另一種假設：當初醫生明明跟妳說這胎是「女生」，但妳搞烏龍、記錯了，以為是「男生」。欸，別說不可能，妳不就也把我的血型記錯了嗎？

這個烏龍事件，是確認寶寶有心跳之後所進行的「第一次產前檢查」。那天，我一口氣被抽了六、七管血，其中包括最基本的檢驗血型。抽血站的護理師一邊替我拍拍手臂，一邊例行性問道：「知道自己是什麼血型嗎？」

「知道，B型。」妳是B型，爸爸是O型，我跟姊姊都像到妳的血型，這事我從小就知道。簡短回答之際，我看著深紅色的血液源源不絕地從針筒中流至試管統統裝滿，心想，喔，今天真是貨真價實的「大失血」。

折騰一早上，回到家裡趕忙補眠，結果午休還沒完呢，醫院就來電，很客氣地問我是否方便回去再抽一管血。

「怎麼了嗎？」我有點緊張，那天的抽血項目也包含一些遺傳疾病的檢查，該不會是胎兒罹患了什麼罕見疾病吧，嗯，我想我的問題應該是愚蠢，沒藥醫的那種。因為電話那頭的護理師急忙安慰我說：「不是不是，不要緊張喔，是血型驗出來跟妳說的不一樣啦。」

哇，開什麼玩笑，我活了三十幾年，現在才說我不是B型？該不會……我根本不是你們的女兒吧！

「那，我是O型嗎？」

「嗯……對！」

「那可以就這樣，不要再抽一次血嗎？」

「不行喔，還是要麻煩妳來一趟做確認喔。」

當下我心中第一個念頭是，爸爸是B型、你是O型，我的血型只要跟你們兩人其中一人相同就沒關係了吧！殊不知，此時根本沒人在意我是不是你們的親生女兒，他們只是要確認這位孕婦到底是什麼血型而已！

於是，我又去醫院挨了一針，抽血的時候，護理師還問我說，以前都沒有動手術、捐血之類的嗎？怎麼會記錯自己的血型呢？我一臉尷尬地解釋，不是我記錯，是我媽媽這樣跟我說啊……。

後來產檢時，我跟醫生提起這件好笑的事情，醫生正色看了看我，說：「那妳知道自己是RH陰性嗎？」

「蛤？那是什麼？」我一臉疑惑。

是的，懷孕讓我更加理解自己，我不但是O型，還是傳說中的「熊貓血」！

在台灣，每一千個人中，只有三個人是RH陰性血。很多老哏偶像劇中，罕見血型的女主角需要輸血，最後由世仇家族的男主角挺身而出，不但拯救了女主角也成全了愛情的芭樂劇情，就是在說我啦！

因為這場烏龍鬧劇，產前種種檢查項目，印象最深刻的冠軍無疑就得頒給平凡無奇的「驗血型」。至於孕婦界口耳相傳的大魔王產檢項目「喝糖水」與「羊膜穿刺」，或許看了太多前輩血淚斑斑的經驗談，當我實際面對時，反而覺得小事一樁。對於一個中年發福的孕婦來說，喝糖水本身難度不高，空腹等抽血反而比較難受。至於羊膜穿刺，根本完全不痛，反而是幫忙錄影的游先生對焦錯誤、完全沒拍到重點，讓我大發雷霆。

至於妳會不會也是ＲＨ陰性呢？這個謎團大概只能等我們日後天上相會時才能揭曉了。嗯……不過，我已經做好心理準備，就算未來我們相會了，妳大概也是一問三不知，咧著嘴笑說：「誰會記得啦！」

我可是妳的女兒！

地點是在台北的咖啡店，原本好端端在工作的我胃裡一陣翻騰，急忙起身衝向廁所，豈料馬桶有點髒，只好站著嘩啦啦啦吐出一堆酸水，嗆得整個鼻孔都是酸味。我開始感到胸悶、心悸，覺得自己快死掉，喔，經典的恐慌發作，真的很不舒服，忍不住打了電話給游先生。

「喂……？……？怎麼不說話？」

一聽到他的聲音我就哭了。

那是孕期的第五個月，千等萬等，好不容易等到孕吐緩和一些，我趕忙約朋友們出門放風，一起去開箱五星級飯店。白天，我們泡在游泳池裡，快樂地陪伴友人四歲的女兒嬉戲，豈料夜深人靜時，我卻莫名開始反胃，不斷在床與廁所之間折返跑。

到底吐得多誇張？大概就是，我一直趴在馬桶前，免治馬桶的感應器把我的臉辨識為屁股，不斷頻繁啟動沖水功能，最後不堪操勞直接故障，朋友們也因為我的頻繁嘔吐而不得安眠。

「大家開開心心陪我出來散心，結果我卻搞成這樣⋯⋯。」那個晚上我睡得很少、也有點想哭。隔天退房後，原本想找家咖啡店工作一會兒，再搭客運回基隆，沒想到又搞得一身狼狽，從前晚開始累積的負面情緒終於炸開。

「妳這樣可以自己搭客運回基隆嗎？還是妳等一下、我過去找妳？」聽完我宛若含滷蛋一般的哭訴後，游先生耐著性子安慰我，這下可好，眼淚又開始土石流了，我努力咬著嘴唇想要控制災情不再擴大，但，面對一片混亂的現場，找不到起火點，又該怎麼滅火。

我很清楚，心理的不安定，會讓生理種種症狀被放大。在懷孕之前，我最害怕的事情就是「很多身心科藥物孕期禁用」以及「高敏感的自己如何面對孕期身心不適」。

加上那幾個月，我正在緊鑼密鼓寫一本書，卻因為種種不適症狀進度大幅落後。雖然所有合作對象都叮囑我身體為上、慢慢來沒有關係，但我還是很難過，為什麼好多人懷孕都可以正常上班到生產前一天，我不但工作落後，甚至連好好出門玩都辦不到，還要打擾努力工作賺錢的老公。整個孕期，我都在克服「失能」帶來的自我懷疑與自我厭棄。

而且，通常在懷孕晚期才會出現的恥骨痛症狀，我早卻早早發作，走樓梯、單腳穿脫鞋時，覺得骨盆痛到快散開了，本想求助於孕婦按摩，但當時台灣本土疫情非常險峻。全島處於三級警戒，按摩業根本無法營業。最後兩個月我飽受漏尿之苦，乾脆每天都穿免洗內褲，包包裡也一定要帶替換用品，因為隨便一個大笑、噴嚏，甚至我沒有動但可惡的胎兒踢了我一下，我都可能感到下體一陣濕意。

誰會喜歡這樣的自己？所有人都告訴我：「別擔心，生完就好了」，但，此時此刻的我就是還沒生，就是好痛苦，就是必須與生理不適帶來的心理衝擊勉強和平相處。

我試著在嘈雜的咖啡店中找到讓自己平靜的方式，從包包裡拿出「百寶袋」，這是請教身心科醫師以及有焦慮症頭的幾位好友後，我統整出來的方式。

多一藥當然不如少一藥，我事先準備好幾張紙條，上面寫一些指示與激勵的話語，比如「別想了，快去看一集《甄嬛傳》」。然後，每當我感覺胸悶、心悸、快死掉的時候，就可以啟動自救模式，先從一數到五十，每數一個數就深呼吸一口氣，然後再打開百寶袋抽出一個紙條，帶領自己暫時轉移注意力。

這一次我抽到的紙條上面寫著：「妳可是○○○的女兒欸！」（○○○是妳的名字。）

我不禁笑了出來，準備紙條的那個時候，我到底在想些什麼？有這麼缺放鬆的解方嗎？但我還真的因此慢慢平靜下來，被自己攪成一桶髒水的情緒，也慢慢、慢慢地沉澱下來。

回家的路上，我做了一件浪費健保資源的事情。因為真的很想看到我的孩子，所以我到婦產科診所做了超音波檢查。黑白的螢幕上有一個撲通撲通的小星星在閃爍，我的孩子，小小的身影已經從一個圓點變成一個二頭身的……小花生。

我記得妳說過，第三胎是意外懷孕，起初，妳不確定要不要生下弟弟。當醫院的婦產科醫生知道妳有些猶豫，一臉正色告訴妳：「那妳要去外面的診所，我們這裡沒有幫人家墮胎。」妳聽到「墮胎」兩個字，好像被電到一樣、

非常反感，立刻斬釘截鐵跟醫生說：「我哪有說我要墮胎！我沒有要墮胎，我要生下來！」（看來妳也是滿好激的嘛～）

對吧，沒有什麼事情能比保護肚子裡的孩子更重要了，雖然我總覺得失能的自己很像一個巨大培養皿，但至少培養皿還具備培育細胞的功能呢。

我拿著超音波照片走出診間，心裡覺得踏實又帶些微微的喜悅。有點不舒服也沒關係，代表孩子在我肚子裡活得很好，為了好好生下他，我應該可以承受這些。因為，我可是妳的女兒呢！

妳還是死掉好了

隨著肚子愈來愈大，預產期愈來愈逼近，我也愈來愈想妳。

原本一個月一次的產檢頻率，在最後三個月調整為兩個禮拜一次。雖然說少子化已成為國安議題，但是在人滿為患的婦產科候診區可感受不到這股危機，等啊等，等啊等，春蠶到死絲方盡，蠟炬成灰才叫號。

漫長的等待時間裡，我常觀察周遭的人們。大部分的準媽媽們跟我一樣，是由丈夫陪同，他們彷彿受過訓練一樣，要嘛眼神渙散望著前方發呆，要嘛低頭打遊戲、滑手機。有時我都想，除了幫忙拿包包的功能之外，有沒有丈夫來陪產檢似乎沒什麼差別，難怪也常見到獨立的準媽媽一個人俐落的來產檢。

而其中有一種組合總是讓我不由得多看幾眼，就是媽媽陪自己的女兒來產檢。游先生曾問我，都是女性長輩，我怎麼知道是婆婆還是媽媽來陪伴？這個問題完全證明了男人有多天真，婆婆跟媽媽怎麼會分不出來呢？只要是心安理得讓長輩無微不至隨侍在側、不耐煩的請長輩不要再囉唆、使喚長輩幫忙跑腿批價拿藥的，肯定就是親生母親啊！

某次產檢，我就遇到一組母女檔，那位媽媽有一頭銀灰色粗粗硬硬又蓬蓬的短髮，乍看之下好像妳。那時，我心中冒出一個念頭：世界上最能理解我懷孕生產過程的人，應該是妳吧，因為我的身體流著妳的血液，而我的身體裡也有一個孩子，這就是所謂的「傳承」嗎？

又有一次，我在社群媒體上看到定居國外的朋友發文，她說，媽媽從台灣飛到居住地陪她待產，母女講了三天三夜（之類的）的內心話，分享彼此生小孩遇到的種種狀況。

真的好羨慕她，我承認。雖然很多人都說，第一胎傻傻什麼都不知道，反而不會害怕生小孩，但，這個說法肯定不適用於我身上，愈靠近預產期，我就愈害怕，也愈想念妳。畢竟妳還在世時，我對生小孩沒有興趣，壓根沒問過妳生小孩有哪些要注意的事，真的好希望現在媽媽能夠陪我待產。

我把自己鬱卒的心情跟幾位朋友分享。已經生過孩子的新莊蔡太太很冷靜的跟我說：「放心，不是所有媽媽都可以勝任這個角色。」她舉例說，她媽媽個性很容易緊張，如果在待產現場，可能演變為產婦還得分神安撫母親說：「妳不用擔心，沒事，妳深呼吸。」所以她很慶幸自己是在小孩生出來以後再通知媽媽，因為她生產時不幸吃了全餐，如果媽媽真的全程陪產，可能會先緊張到送急診吸氧氣。

「放心啦，媽媽如果還在，她一定會在陪產的時候碎碎念到妳大發雷霆啦。」喪母俱樂部創始成員K沒有生過小孩，但她的回饋也很精闢，更是讓我瞬間茅塞頓開。

這種模擬媽媽還在的聊天場景，堪稱是喪母俱樂部裡的月經話題（意指每隔一段時間就會出現的討論話題）。我們總是很遺憾某些場景缺少了妳們的角色，但我們也非常清楚，人性本賤，如果妳們未曾離開，我們未必會如此思念妳們。正因為妳們不在了，才像是守護神一樣完美、無敵、無所不能。

如果今天我懷孕了，要生小孩了，而妳這個外婆依然健在，事情會怎麼發展呢？我寫了一齣劇本，個人覺得逼真指數約有八十七分。

首先，在我孕期的每一天，妳都會打電話給我，問我有沒有吃東西，有沒有睡好覺，有沒有想吃的東西媽媽煮給妳吃，不要吃到不該吃的東西、不要拿剪刀、不要#()%&#(^&#(&@$(^&%。妳不會管我是否在忙，而是每天自顧自地問著重複的問題，通常，通話的尾聲，我會不耐煩地跟妳說：「好啦，好啦！就跟妳說不用啦！我在忙，掰——掰——。」

到了臨盆那一天，如果妳真的來陪我待產，一定會比約定好的入院時間提早好幾個小時抵達醫院，然後瘋狂打電話來問我：「阿妹，妳怎麼還沒到呢？」我們急急忙忙會合後，妳接著會東翻西找檢查我的行李，東念一句：「這個這樣不行吧！」西念一句：「怎麼沒有帶那個？」

如果我的狀況好，妳會拉開布簾去跟其他產婦的家屬大聊特聊；如果我的狀況不好，妳可能會為了我不斷騷擾護理站，甚至跟護理師吵架，最後纏著醫生問七七四十九個問題。

而我，除了被妳激怒之外，應該還會把各種不舒服與擔憂統統吞進肚子裡頭。在老公面前會呼天搶地喊痛，在媽媽面前則是假裝自己可以忍耐、一切都在自己的控制中。

……天啊，媽媽，這一切太難掌控了，雖然聽起來很離經叛道，但是，我真的可以自己生小孩沒有關係，妳還是繼續死掉好了（笑）。

我也當媽媽了

我曾經問妳：「生小孩會痛嗎？有多痛？」（如今回想，這問題根本就像是去問戴眼鏡的小學生有沒有近視一樣智障。）

妳的回答是，當然痛！而且不僅痛死了，也快要氣死了。因為就在妳陣痛難耐呻吟不止之際，醫生卻顧著問：「如果待會生出來的是男生，要割包皮嗎？」

「都快痛死了！誰有心情管小孩的包皮怎麼樣啊？」雖然根本忘了這是哪一胎產程所發生的事，但妳振振有詞地碎念，看來相當憤恨。也是！俗話說「生得過麻油香，生不過四塊板」，生孩子這種生死存亡瞬間，確實看什麼都不順眼。

記得在產房時，我的接生醫師走來替我打氣：「不要緊張喔！」但我依然翻了個白眼。拜託！妳沒聽到隔壁一片布幕之外，其他產婦正在呻吟嗎？還有剛剛外面另一個產婦推進來打無痛，尖叫到鬼哭神嚎，妳說，要怎麼放輕鬆啦？

（但想想，對於婦產科的醫護人員來說，產婦的呻吟應該就像夏夜蟲鳴般的自然聲響吧！）

我選擇的生產方式與妳不同。妳是以自然產的方式生下我們三姊弟，而我作為一個有憂鬱焦慮病史的高敏感孕婦，則是早早決定自願剖腹。

生產當天，時間緊湊地不容他想，急急忙忙地簽署一堆麻醉科與婦產科的同意書之後，很快地，我被推進手術室，這裡很大、很冷，游先生得在外面等候，只有我認得自己的靈魂，恐懼從這裡開始迅速滋長。

他們把我從病床上挪移至手術台上，開始進行固定並且綁上各種感測裝置，每位醫護人員的動作都很迅速流暢，只有我一個人覺得窒礙難行，也對，這裡只有我是第一次進開刀房。

我試著詢問身旁的護理師：「你們等一下會跟我聊天嗎……？」

（這真是世界上最爛的開啟話題方式了，我想。）

我忘記她回答什麼，然後麻醉醫生就出現了，我被引導捲成一隻側躺的蝦子形狀打麻醉。剖腹產是採取半身麻醉，從脊椎注射麻醉藥，這個橋段我在網路上看過許多次了，不知道是不是對於「剖腹」這件事的恐懼太巨大，許多前輩說這針很痛，但我只是感覺一股痠意，接著一股涼涼的感覺擴散全身，慢慢、慢慢地，雙腳慢慢地失去感覺。

被翻回正面躺姿後，我的面前突然出現一塊像隔簾一樣的綠布。就是電影、連續劇裡面出現過的那種，用綠色的布圍繞製造出無菌的手術區塊，可是，連續劇裡面的病人看起來都很平靜，但這塊布怎麼離我的嘴巴和鼻子這麼近？它讓我無法呼吸！

恐慌的獸正在分裂竄出。我想伸手把那塊布移開，但事實上麻醉狀態中的病人根本沒有移動手的能力。我感受到胃裡有大量不明物體向上酸湧，我守不住恐慌獸大軍了，它們就這樣一瞬間爆炸開來，巨大化、膨脹化、齜牙裂嘴想吞噬我。

「我想吐！！！！」我試著大吼，但我知道實際上聲音應該很微弱，因為我連吞嚥的動作都做不好，嘔吐物哽在喉嚨無法動彈，那種窒息感就像溺水一樣，咕嚕咕嚕的泡泡在耳邊作響，即便用盡全力掙扎，但仍不斷不斷下沉，我開始覺得自己會死在手術台上。

「這是麻醉藥的副作用，很正常。」麻醉科醫生的聲音像是跨越一整條河那樣從遠方傳來，但事實上，他其實離我很近，應該就站在手術台旁邊。

「媽咪，不要緊張，來，深呼吸，我們一起深呼吸。」一位麻醉護理師用手環住我的頭，讓我側著臉吐出一些水狀穢物。她的聲音很溫柔，像一塊浮木，我趕忙奮力抓住。

我開始自我說服，這一切不舒服的感覺都是情緒製造出來的假象！不要被欺騙了！專注，我必須專注在快要見面的寶寶身上。我努力數著呼吸，努力對那些張牙舞爪的情緒惡魔視而不見，然後，漸漸地，我可以慢慢去感知，自己身處的環境正在發生什麼事情。

手術房裡播放著輕盈的西洋老歌音樂，我的身體像是一塊正在被切開的牛排，在瓷盤上，微微地、規律地、優雅地晃動著。

然後，我感覺到身體有個什麼沉甸甸的東西被扯出來，是孩子被抱了出來，我聽到他們拍打孩子屁股的啪啪聲，但卻沒有聽到他的哭聲。我默默地讀秒，一、二、三、四、五，要哭了嗎？怎麼還沒哭？……怎麼還沒哭？大家怎麼都不說話？他還好嗎？天啊……他再不哭，我就要崩潰了……。

還好，在我崩潰之前，遠方傳來嚶嚶的細微哭聲，產房裡的所有人像是吐出一口大大的氣，開始歡樂的接續收尾的動作。突然之間，我覺得自己好像跟得上開刀房的節奏，也感受到音樂的輕快了。

「喔！（體重）3760！腿很長喔！」

「胎脂好多喔！」

「超可愛耶！」

醫生抱著剛清洗好的寶寶來到我的面前，天啊，我好感謝醫生，記得「我要比生父更早看到小孩」的任性願望。我看著這個皺巴巴、五官都擠在一起的小孩，一隻眼睛還睜開一點點在偷看著我，那一瞬間我心裡反而有點疑惑，這就是整天在我肚子裡暴踢、想要攻破子宮頸防線的臭傢伙嗎？

只要能到達彼岸，所有情緒就都只是途經。這是我真正成為一位母親的開始，聽著孩子嚶嚶的哭聲，莫名流下眼淚，不由自主地對著空氣中的妳說道：

「媽媽，我也當媽媽了。」

（拜託妳不要回我 So what！讓我感性一下！）

喪母筆記 04

糟了，這關怎麼沒攻略？

人生的難度不是固定的，它會根據你是否擁有媽媽來調整。

- 無論是結婚、生小孩、搬家、創業或是家裡水管爆掉，當你人生遇到新關卡、大挑戰，不知道該怎麼辦的時候，先問自己：**「如果媽媽在，她會怎麼做？」這不是迷信，而是人生戰術。**
- 你開始對媽媽有一種「遲來的理解」，以前覺得她只是很愛問：「錢夠嗎？」、「飯吃了嗎？」、「最近怎樣？」現在終於理解她其實是二十四小時待命的後勤部隊，確認你的人生穩定運行。但也**不用內疚，她早就知道你會有這麼一天**。

- **如果你願意回想媽媽怎麼解決問題，你會發現，她留下的不是遺憾，而是一整套無敵生存指南。**從塑膠袋留著總會有用，到麻油煎荷包蛋可以治經痛，以及鹽水漱口能夠有效對付嘴破，她的「生活應對法則」仍然適用於你的世界。

- **雖然這份理解無法傳遞給媽媽，但你可以建立屬於自己的「媽媽智慧庫」**，記錄你仍然記得的她的建議，未來這些都將成為你的行動指南。

欸，

我會是很棒很棒很棒的媽媽哦，

因為妳也是。

Part 5

新手媽媽上路

成為媽媽的第一個月，我住在月子中心。這家月子中心正對基隆河，有著遼闊的視野，還能看到水牛與白鷺鷥在河畔邊嬉戲。我非常確信，如果妳來探望我，一定還是會搖搖頭說：「恁打爽（客語「太浪費」的意思），我們以前哪有這種東西！」

在網路論壇上，坐月子的方式一直是掀起筆戰的月經話題，即將臨盆的產婦總是猶豫，要到月子中心坐月子或請月嫂來家裡照料，還是回娘家當女兒賊呢？也有腦袋不靈光的男性提出疑問，為什麼太太對於讓婆婆坐月子如此排斥？（還好我老公沒問過這題，不然我一定會請他回家裡住幾天，每日照三餐給岳父檢查陽具。）

妳說，我姊姊出生時，阿婆還沒從國小教師的崗位正式退休，她只能趁週末從苗栗搭火車來台北，一口氣煮好七日份量的補湯，妳再逐日逐餐自己熱來吃。至於軟綿綿滑溜溜的新生兒要怎麼洗澡？妳瞪大眼睛說，我哪敢洗！自然是花些錢，請醫院的婦產科護理師下班以後來家裡幫孩子洗澡。

真是謝謝妳從來不避諱坦承自己的弱點，早在妳生病之前我就很清楚，有朝一日若自己有了孩子，我一定要去住月子中心，因為豈止妳不敢，我也不敢讓妳幫我的孩子洗澡！

賀爾蒙大怒神

住在月子中心的這個月，是我最規律、也最不穩定的一個月。

每天早上八點半起來吃早餐，嬰兒室會把孩子送來我的房間，戰戰兢兢地餵母奶、培養母嬰共（補）眠的習慣。午餐後去媽媽教室吸收新知，再回到房間，邊吃下午茶邊擠奶，接著睡午覺，醒來以後邊吃晚餐邊追劇。通常晚上小孩會再被推來房間一次，接著洗澡、擠奶，把堆積如山的茶點與宵夜解決，然後準時睡覺。

雖然保持健康的生理狀態，但，我的心卻在暴走。什麼事情都可以輕易讓我落淚，尤其是傍晚時分，明明前幾分鐘我還為了韓劇裡男女主角的搞笑互動而哈哈大笑，但一轉頭看到窗外的高架道路車流燈亮了起來，就會莫名其妙地感到一股天黑的惆悵，不知不覺，眼淚就掉下來了。

哎，該來的還是會來。早就聽聞，誕下嬰兒後，母體會經歷劇烈的賀爾蒙變化，再加上育兒新手上路，生活方式大大改變，「產後憂鬱」的情況屢見不鮮。我的朋友中，有人在月子中心看到孩子被嬰兒室接回去，立刻垮下臉哭訴：「為什麼他們要把我的孩子抱走？」有人則因為新生兒哭鬧不休而起了歹念，差一點拿棉被把小孩的臉摀起來，甚至還有人冒出想自我了斷的念頭。

因為曾深受憂鬱症所苦，又是高敏感一族，早在備孕階段我就曾經向身心科醫師傾訴：「我很擔心自己產後憂鬱！」

「哎呀，不用擔心這個啦。」醫生很肯定的跟我說。

「真的嗎？」我的語氣應該帶著幾分驚喜，這位醫生算是我的貴人，妳離開人世之後，他以專業姿態接住我如山洪暴發般的悲傷，如果能夠獲得他的正面肯定，我對自己的懷孕、育兒之路也會更有信心一些。

豈料，他話鋒一轉：「對啊，這哪需要擔心，因為妳一定會啊！」

……好……喔（比中指）。有時候真是敗給他時而溫暖、時而犀（靠）利（北）的風格。

醫師立刻補充了正經話，他說，沒有得過憂鬱症的人，不容易有病識感，容易被賀爾蒙的迅速起伏給嚇壞，身邊的人也不知道如何因應，但我已經歷過憂鬱症，應該會有病識感，知道對外求援。

我的不安似乎被撫平了。確實，產後開始莫名哭泣的第一時間，我並沒有太驚訝，只是默默在筆記本上寫下自己的心情：「今天又因為太陽下山哭了。」沒錯，在沒辦法隨意服用各種身心科藥物的孕期，我學到這招緩解焦慮情緒的妙方，每天記錄自我的身心靈覺察，用文字條列記錄下來，一一思索解方，可以避免太多情緒混雜在一起，日積月累變成難解的結。

就連老公似乎也習慣我的症頭了，即便他上班時我會落淚說：「嗚嗚嗚，老公你要出去了。」下班時我又哽咽：「嗚嗚嗚，老公你回來了。」他都能鎮定以對，不會隨我的情緒起舞。

最經典的一次，我從床上起身時，不慎拉扯到肚皮上的剖腹傷口，瞬間淚崩：「嗚嗚，老公～～～我好痛！怎麼辦！我的傷口是不是永遠不會好了！嗚嗚～～～～～」

他默默地張開手示意我過去抱抱，然後說：「冷靜。」

一陣嚎啕大哭後我終於冷靜下來，意識到自己的恐懼好像有點荒唐，明明知道站在眼前的只是一隻小狗，卻因為他的影子投映在牆上變得張牙舞爪的巨大而惶恐不已。於是抬頭問他說：「欸，我媽死掉的時候，我也是這樣嗎？」

「嗯哼，」他瞅了我一眼，然後說：「差不多瘋吧。」

（我只是隨口問問，他還真的認真回答欸。）

真不知道是否該感謝妳，讓我提早知道什麼是憂鬱症，在山雨欲來的新手父母地獄期，至少知道該怎麼處理情緒。

去醫院待產時我還穿著夾腳拖，走出月子中心時卻已經是連綿雨水的冬天，如果幸運地遇到太陽天，我會告訴嬰兒室：「白天不要把小孩推過來。」然後躺在床上，像把衣服攤開那樣，讓陽光曬曬我濕掉的心情，曬不乾沒關係，至少不要發霉。

什麼？妳要我給正在跟產後憂鬱搏鬥的媽媽們一些建議？那我只好轉述身心科醫師給我的打氣：「不要怕！小孩生出來就什麼藥都可以吃了！最差的時刻已經過去了！」

（溫馨提醒：到底是什麼症狀、適合吃什麼藥，必須由專業身心科醫師診斷才可以，看得出來這裡很多都是玩笑話吧！）

佛系母奶人生

坦白說，我比我自己想像中更融入「媽媽」這個角色。

原本，我打算一生產完就退奶，小孩滿月就送托嬰中心，這些打算在小孩出生之後全被推翻。看著孩子小小的身軀，我跟老公說：「他還好小喔，先不要送去好了。」至於母奶，我竟然一路餵到孩子將近兩歲，現在想想，連自己都覺得不可思議。

嘿，這肯定是妳無法超越的吧！我們三姊弟都是吃配方奶長大的，那時民間似乎流傳一種「美國人很高大、吃美國奶粉養的小孩才長得好」的說法，總之，妳那個年代不流行母乳，根據妳個人的說法，妳眼見自己也沒什麼奶，乾脆直接退奶。

但現在的時代可不同了，母乳成為政府積極鼓勵的哺育方式，還在懷孕階段就不斷在產檢衛教時洗腦餵母乳的優點，生產後也會積極鼓勵母嬰同室。如果產婦表示不想餵母乳，醫院似乎還需要寫一些報告解釋為何沒有成功策動這位母親進入「母乳教」。

也因此，很多人聽到我餵了兩年的母奶，都覺得「哇！妳也太強了！怎麼撐兩年的啊？」，如果我回答自己其實很享受，更會獲得「也太有母愛了！」的驚嘆讚賞。

但其實，我不是「母奶基本教義派」的支持者，母奶固然有著珍貴的營養，但我不認為媽媽就應該要克服萬難堅持母乳。如果真的要說我的母乳之路有什麼核心理念，那大概就是「佛系」以對吧。

我不追求全母乳，也從來不在半夜擠奶。一般來說，如果想把奶量衝高，最好的方式就是增加擠奶頻率，每隔三到四小時擠一次母奶，這樣大腦才會覺得「我的孩子需要更多奶」而開始增加產量，因此，很多媽媽都需要半夜起床擠奶。但我覺得，如果按照我原本的計畫，這孩子連一口母奶都喝不到，現在有得喝就要偷笑了，所以，誰都別打擾我睡覺，如果母奶量不夠，麻煩去喝配方奶。

當然，這也得感謝我的身體不會塞奶，兩年來也沒有得過乳腺炎；還有，我的孩子也是個很隨便的傢伙，他可以瓶餵、親餵，他既喝母奶、也肯喝配方奶。如果要說中間有什麼困難，大概是小孩快一歲時，有一陣子會不小心咬到我的ㄋㄟㄋㄟ。經常我痛到哭，孩子也跟著哭，大人小人哭成一團。

那又是什麼讓我願意忍耐？很簡單！早上不需要起床泡奶，只要把衣服掀起來就能一邊睡覺、一邊把孩子餵飽，還有什麼比這更具有吸引力？

而且，我發現了一個必須頒發「功在社稷」匾額給發明人的新時代產品——

免手持擠奶器！因為妳死得早，且讓我再用比喻說明一下，傳統的擠奶器就像是家用電話，要插著電話線才可以通話；但免手持擠奶器就是手機！你可以一邊講手機、一邊做很多很多事情，不必再被綁在電話旁邊。於是，我可以在吃飯的時候擠奶，在咖啡廳工作的時候擠奶，在火車上也能擠奶……整個城市都是我的哺乳室。

我也趁勢發明「快樂奶」，靈感來源是市面上有一些比較高價的豬肉，標榜豬豬在養殖時會聽古典音樂、肉質比較好吃，同理，看著好風景擠出來的母奶，應該也會比較好喝吧？所以我在海邊、漁港、草地、摩天輪上都產出過母奶。

哺育母乳期間，類似「快樂奶」這樣帶些小小荒謬的行為很多。比如把母奶倒進儲存袋裡之前，都要記錄日期、時間、量，再放進冰箱冷藏，而我會用奇異筆在袋子上畫下當天吃的食物，麥當勞奶、珍珠奶茶奶、臭豆腐奶、麻辣鍋奶……到了過年更有白鯧奶、燉雞奶、佛跳牆奶……。如果跟老公吵架，則命名為「老公吃大便奶」。

與過往人生截然不同的新手媽媽人生，除了製造母奶，我也必須製造一些無聊當有趣的小事件，將它們視為滋潤心靈的吉光片羽，畢竟，現在的教養專家之間很流行一句話：「有快樂的媽媽、才有快樂的孩子。」

好了別吵，我知道這跟妳的價值觀不一樣，妳就是那種一定會先成就孩子、再來顧自己的媽媽。但我們別針對這個議題吵架，時代不同了，而且，現在的我，不管當媽媽還是當孩子，都很快樂，好嗎？

該死的新冠肺炎

我抱起六個月大的兒子，他全身燙燙燙的，就算再菜的新手媽媽也知道他發燒了。看到耳溫槍顯示他的體溫三十八點五度，我小心翼翼拆開快篩試劑的包裝，輕捏採樣棉棒，伸進孩子的鼻孔裡胡亂轉了幾圈，再混合檢測藥水，倒進檢測盤。

「Shit!」很抱歉我又再次罵了髒話，因為……幾分鐘後，我再次看到了熟悉的兩條線。這孩子人生第一次生病，就得了全球流行尖端的傳染疾病 Covid-19。

有鑒於太早登出人生的妳，沒有經歷過這個傳染病，讓我先說明一下，Covid-19 也稱作稱武漢肺炎、新冠肺炎，概括地說，妳可以把它想像成升級版的SARS（非典型肺炎）。

還記得嗎？當時我讀高三，正在如火如荼準備七月的大學指考，畢業前幾個月，SARS從香港開始爆發，疫情集中於港台，台北和平醫院緊急封院，好幾名醫護人員因此犧牲。但SARS在半年內迅速獲得控制，Covid-19卻足足擾亂全世界長達三年之久。

如果妳穿越時空回到新冠疫情當下，應該會非常震驚這株病毒用多粗暴的方式替世界按下暫停鍵。人們必須關在家上班上課長達半年，供不應求的口罩跟檢驗篩劑需要按照身分證字號在指定日排隊購買。而我，偏偏也是在這個動盪的時刻，經歷了懷孕、生產，再到新手媽媽的身分轉變。

面對未知的大流行病，當時未成年的青少女還不懂得因SARS而恐懼，但如今已屆中年的我，卻從懷孕那一刻起，就陸續面臨著恐懼與掙扎。

掙扎，是因為我必須在未知的狀態下替孩子做決定。比如當時政府優先開放孕婦施打疫苗，但市面上所有疫苗都是緊急授權、並未經歷完整的人體實驗，沒有人知道，疫苗是否對腹中胎兒有長期影響。

恐懼，是因為疫情打破了醫療常規。比如國內第一波疫情爆發，醫院量能滿載，當時有些自然產孕婦因此無法施打無痛分娩。雖然最後我按照計畫順利剖腹生產，但，來到世間生而為人，我的孩子終究需要與這場瘟疫正面交鋒。

孩子確診後，我們在寒風中跑了一趟急診室。人很多，我們抱著他站了將近一個小時。很難想像吧，這幾年，急診大部分都在戶外看診，醫護人員穿著全副武裝的隔離衣出來快篩、診斷、開立症狀藥、回家觀察。面對傳染疾病的大流行，其實我們都無能為力。

很幸運地，孩子沒有什麼嚴重的症狀，只是斷斷續續的發燒，我唯一能做的，就是在燒起來的時候用沾了溫水的濕毛巾替他擦擦身體，幾個小時一次循環，撐了一天一夜，小孩終於退燒了。

看到耳溫槍上終於不再閃著代表發燒的紅光，我突然感覺到一股巨大的疲憊，像是年少時熬夜通宵寫個一、二十頁的專題報導，終於完工截稿的那一瞬間，大功告成的成就感伴隨著再也走不動的虛弱感。然後，隔天早上我也確診了，發燒、頭痛、咳嗽、喉嚨內建刀片，伴隨著排山倒海的痰。

其實我一點也不意外自己會被傳染，因為孩子生病時頻頻討抱，眼淚鼻涕全往我身上抹，只是當時根本沒有心思去想：「這樣我會不會確診？」果然，跟都市傳說一樣，媽媽總是確認全家都康復了、才會安心地倒下。

我們一家三口都康復後的某一天，我打電話給爸爸，說孫子沒事了，我會好好照顧他。讓我訝異地是，向來非常不會說話的爸爸竟然說：「妳也要照顧自己。」

也是如今才懂，無論活到幾歲，我依然是你們眼中的孩子。就像是孩子發燒的夜晚，我用濕毛巾替他降溫的時候，一下對孩子說：「不怕、不怕，我會保護你到世界末日那一天。」一下又改口說：「快點好起來、媽媽其實很膽小欸！」

這樣到底是膽小還是勇敢？聽起來好像有點人格分裂的模樣，我想，這應該也是學妳的吧。

第一次帶嬰旅行就失敗

如果妳知道，我兒子才剛滿三個月，連口水都還沒收，就被我帶出門過夜旅行，妳應該會氣得跳起來罵我吧。但說實話，那晚我自己也感到滿滿的挫敗感，心裡一邊哄著他，一邊想：「是不是太急了？是不是搞砸了？」

之所以堅持出門，是因為要參加我執筆的《我的孩子要在這裡讀書》新書發表會，地點在宜蘭。這本書跟孩子有一點命運的連結：我取完書名沒多久就懷孕了，整個孕期都在寫這本書。他還在我肚子裡時，就被迫聽我腦海裡那一堆關於建築的碎念與詞句——某種意義上，他是這本書最早的聽眾。

我一直以為自己很會旅行，沒在怕的。但對於怎麼帶一個三個月大的嬰兒出門過夜？我毫無頭緒。每天睡眠破碎、腦袋昏沉，根本沒時間查資料。什麼是「嬰兒友善住宿」？不清楚。憑著模糊印象訂了一家傳說中很適合親子的飯店，心想：「應該沒問題吧？」

結果當然——大錯特錯。

車子剛上高速公路，小孩就醒來鬼哭神嚎。新生兒的哭聲有一種特別淒厲的頻率，像是靈魂在雪山隧道裡撞牆。好不容易抵達飯店，宜蘭下著雨，停車場又是露天的，身為新手爸媽的我們，只能慌亂地幫嬰兒推車安裝雨罩。坦白說，這個雨罩是為了旅行才買的，前一天才到貨，根本搞不清楚要怎樣正確安裝，雨水才不會流到嬰兒身上，狼狽到極點！

好不容易嬰兒睡了，我以為可以趁機好好吃頓飯，開開心心走進拉麵店。沒想到剛點完餐，他就醒了。我只好抱著他，一邊搖一邊吃麵，熱湯還差點灑在他頭上。後來才知道，帶嬰兒外食，最忌諱湯湯水水、燒燙燙的東西。應該選壽司或雞塊，至少不會變成高風險操作。那碗拉麵，也成爲我的親子旅行

NG代表作。

晚上更慘。洗完澡、餵完奶，不習慣陌生環境的寶寶哭得像是地震警報。我懷疑游先生耳朵裡安裝了降噪耳塞，怎麼小孩哭成這樣，他竟還能睡得如此香甜？但話說回來，畢竟是我堅持要來的，我只能獨自撐著，整夜抱著寶寶，輕聲安撫、迷糊睡去、再被哭聲吵醒、再講、再睡、再講、再睡……。

那一夜，我對兒子說了很多話。我說：「我知道你害怕，因為這裡是你從沒來過的地方，但你不是一個人喔，媽媽在這裡呀。只要有信任的伙伴一起行動，很多事情就會變得沒那麼可怕。」

講著講著，我忽然想到游先生。他是我相愛相殺的旅伴。妳離開後，他陪我一起出發很多次——在柬埔寨搭了七個小時的巴士，只為了追一條森林裡的河流；在越南北部進洞穴探險，在地底下露營過夜。他不浪漫，卻很踏實。

我也想起妳。妳其實也愛旅行，只是更需要依賴爸爸。記得去澳門那次，妳膽子超小，卻又總是跟著爸爸做些惹我翻白眼的事。深夜偷拍賭場、硬要闖越馬路，還邊笑邊說：「我老公叫我做的！」

那一刻，我抱著兒子，彷彿重演著一段又一段的記憶。我輕輕地跟他說：「你現在會哭、會怕都沒關係，媽媽會一直在這裡。以後等你想探索這個世界時，媽媽也會在旁邊，陪你一起去看這個世界的醜跟美。」

天亮了。我的第一次帶小孩出門旅行真的宣告失敗了嗎？或許吧。但我不是一開始就熱愛旅行的人。喜歡旅行，是一點一點培養出來的。

至少那天，這個三個月大的寶寶，在宜蘭一座美麗的校園裡，搭配窗外細細斜斜的雨，喝了一瓶溫溫熱熱的牛奶。他也見到了那位，媽媽筆下對土地充滿關愛的「建築阿公」黃建興建築師。

後來，我們帶著這個逐漸長大的寶寶四處跑。他一天一天長大，也一天一天天學會張望世界，只要聽到「出去玩」，眼睛就會閃閃發亮。我帶著他從最微小的事情做起，自己收行李、自己背包包，學習買車票、搭火車、坐捷運，還有，提醒丟三落四的我帶好隨身行李。

那次旅行，雖然不怎麼成功，但卻像一個小小的通關儀式。在手忙腳亂、睡眠不足，以及哭聲的交戰中，我第一次真正體會到：啊，這不是一場「親子旅行」，而是我們母子倆，第一次，一起出發。

往後的路上，還會有更多跌跌撞撞的時刻，但只要我還願意帶著他，他還願意回頭找我，我們就仍在彼此的世界裡，相依為伴。

如果有一天他問我，外婆去哪了？我會說：「外婆去外太空旅行了。」

我不是開玩笑，我真的相信。妳應該是終於鼓起勇氣，展開了屬於妳的單人旅程。

媽媽群組之必要

「想問問妳們，生了小孩以後，會覺得剝奪感很重嗎？」

「會不會覺得老公看起來愈來愈不順眼？」

育兒實在是件苦差事，小孩一歲以前，我經常為了分工問題與丈夫爭吵，應證了人家說，小孩滿三歲以前，是夫妻感情再度激烈磨合的階段。用白話文解釋，就是小孩的降臨將大幅度改變夫妻原本相處模式，原本的心肝寶貝淪為牛頭馬面。當時的我，總在必須工作至凌晨時感受到深深的不公平：為什麼我的人生有了天翻地覆的改變，但老公每天還是保持朝九晚五的生活節奏？

凌晨兩點半，我忍不住在「媽媽群組」傳出訊息發問，沒想到已讀數量快速飆升。各種原因還沒睡覺的新手媽媽們，你一言、我一語地開始討論，原來，大家都面對類似的問題，生了孩子之後，大走樣的不僅是身材，還包括自己習以為常的生活型態。明明夫妻是同時成為父母的，但是「媽媽」通常還是得扮演領頭羊的角色，一面抱著孩子、一面領著宛若長子的另一半，邊摸石頭邊渡河，並且設法不要淹死。

小時候，我最討厭妳跟街頭巷尾的「媽媽們」聊天；也討厭妳總是邊摺衣服、邊用下巴夾著電話，跟阿姨們叨念我們讓妳煩心的事。我總覺得真是一群三姑六婆，你們就是太無聊了，才會整天在聊自己家裡的雞毛蒜皮小事。如今，我竟然也在所謂的「媽媽群組」裡頭發言，甚至真的因此獲得溫暖。

在妳那個時代，通常是依靠公園、學校、補習班、居住地的地緣關係來組成小團體，我這個時代則主要依靠網路來找尋同溫層。不過，雖然組成方式不同，但跨時代的真理是：有人的地方、就有江湖。

我陸續加入了幾個媽媽群組，但後來大部分都退出了。有些群組充斥著道德魔人，但凡貼出任何些許安全疑慮的照片，都會被勸說甚至群起攻擊。有些群組則瀰漫著育兒軍備大賽的煙硝味，言談之間字字都吐露著炫耀，好像群組內每個小孩未來都將跳級錄取哈佛、成為高官名將。

我還記得，妳的媽媽群組也不遑多讓。

有一位常在市場遇見的阿姨，她好似是你的昔日同學。這位阿姨的兒子跟我差不多大，每次見面都顧著講她那位優秀的兒子讀哪個學校、得了哪些獎，偶爾還會話中帶刺地「關心」我們三姊弟的發展，劈里啪啦說個不停。我問過妳，她兒子也不是真的超級厲害，幹嘛聽她講個不停？妳淡淡地說，她跟老公感情不好、讓她講講吧。（但妳又如何得知人家感情不好？情報力太強了吧！）

小時候我不懂妳的善良，更無法理解為何那位阿姨要把七十分吹噓成九十分？以前我以為她覺得大家很好騙，現在我知道她只想騙自己。畢竟，日子過得辛苦不順的時候，最簡單的慰藉方式就是美化自己、批評他人，製造出自己比他人優越的現象，便能快速獲得心理上的愉悅。職場上是這樣，夫妻之間是這樣，各式各樣於實於虛的團體組織也是這樣。

最後，網路上形形色色的媽媽群組，我只留下一個群組。我們在同一年入住了同一家月子中心，入住時互不相識，後來卻因緣際會成為彼此支援的團體。

除了一起分享小孩的成長軌跡、一起罵老公的不長進，還會辦聚會活動，聚餐、慶生會、節日活動、戶外踏青、外縣市旅遊。

我們的購買力量也非常強大，團購膠原蛋白、寶寶年菜、磁力片玩具、小孩零食、包班上親子體驗課，無所不能，我們甚至還包了餐廳舉辦有抽獎活動的尾牙。因為我們自稱「慈心里」，每次聚會大合照都會拉起「慈心里里民活動」紅布條，許多店家誤以為這是一個真實存在的行政區，大讚：「你們這個里很多媽媽欸！感情很好吼～」

我們不止有樂同享，而且也有難同當。小孩發燒，住在附近的媽媽互相支援退燒藥；看不懂藥單，群內也有藥師幫你略略解惑；游先生確診新冠肺炎時，同住基隆的群組媽媽立刻差遣身為戰鬥機飛行員的老公，充當快遞員把清冠一號送到我家，真的是太大材小用！

對我來說，這個群組最讓我眷戀之處，在於大家不會攀比，也沒有競爭。更多時候，我們真實陳述自己歷經的酸甜苦辣，有共同經歷的人分享自己的感受，沒有共同經歷的人溫柔地送出「（抱）」。不會有人炫耀自己買了什麼奢侈品，也不會有人因為自己孩子的發展超前而沾沾自喜。我們不需要踐踏別人才能彰顯自己的努力，在我們戲稱的「育兒地獄裡」，同理心、幽默感才是王道。

（什麼是幽默感？幽默感就是可以很放心地在群組說出「其實養小孩跟養狗還滿像的」這種非常政治不正確的歪理，然後大家還會哈哈大笑。）

也因為孩子年紀相仿，這個群組裡的媽媽頗能相通這個階段會經歷的煩惱，我們討論實用議題，比如：卡介苗的傷口腫一大包該怎麼辦？去住院要帶哪些備品包？我們也交換養育孩子們的各種經驗，比如：一夜醒來很多次「夜奶組」、不吃東西的「三口組」、因為各種荒謬原因崩潰的「不要不要組」，群組裡總有人可以證明「不是只有我的小孩這麼難搞」，原來所謂三姑六婆，真的有其必要。

如果我曾經對妳抱怨，幹嘛把我們的事情都告訴別人，這些事情有什麼好講？媽媽，我向妳道歉。原來，媽媽其實很孤獨，我們的快樂不再是被捧在手掌心上疼愛，而是在一百萬次自由與責任的拉扯之後，還是選擇用自己的疲憊去交換一個天真的笑容。「媽媽群組」的存在，讓我知道，雖然每個人都是獨立的個體，但有一群身處相同戰場的人能夠理解我的難處、並且互相扶持前行。

三姑六婆無罪、媽媽群組萬歲！謹以此文獻給「慈心里」每一位在閒聊中給予也獲得力量，名為「老母」的變形金剛！

我是如此愛妳

一直很期待孩子的週歲生日。

以前，我們家的十月總是很熱鬧，不只是因為國慶連假，也因為我、妳、爸爸的生日都在十月。妳離開後，好幾年的十月都顯得格外沉寂。直到我的孩子也在這個月誕生，一切又熱鬧了起來。

我太期待了，甚至連辦兩場抓週，分別邀請婆家、娘家參加中式與日式版本，自己忙得分身乏術。有空坐下來寫些感想時，他的生日其實已經過了一兩個禮拜。

孩子滿一歲，有什麼不同嗎？好像沒有。他依然放著新買的學步車不理，整天推著椅子「ㄍㄧㄍㄧㄍㄧ」在家裡橫衝直撞，一點都沒有邁出第一步的打算。看著他的樣子，我忽然想起自己十八歲的那天，期待了整個夏天，以為生日一過就會變得成熟聰明，但朋友唱完生日快樂歌、蛋糕蠟燭吹熄後，我還是在回家的公車上睡過頭。那種「怎麼什麼都沒變」的落差感，至今記憶猶新。

但這一年裡，他真的沒變嗎？變得可多了！他從一坨會哭的肉，變成會笑、會講外星語、會爬、會扶站的生物。而我，也從一個會不小心把他摔到洗手台、包尿布包到尿尿滲出來的新手媽媽，漸漸地學會怎麼幫他剪指甲，怎麼自己一個人帶他出門玩耍，怎麼在母嬰用品店挑東西時不再滿臉問號。這些成長都不是一夕之間完成，而是一點一滴累積的。

成為母親的第一年，不是什麼甜蜜生活，而是把自己放進果汁機裡打碎，再重新倒進模子裡塑形。雖然看起來還是原來的我，但內裡已經變得不太一樣。剛開始的我，會焦慮地爬文、參考每一篇網友的建議，彷彿別人的經驗才能替我找到「理想媽媽」的模樣。直到慢慢地，生活累積起自己的節奏與輪廓，我才開始勾勒出心中理想的親子關係樣子。

說來也奇妙，我心中那個理想的媽媽輪廓，竟然就是妳的樣子。

我說「竟然」，是因為我們根本不像。妳節儉成性，我熱愛亂買；妳幾乎素顏過一生，我則喜歡粗眼線和煙燻妝；妳處世溫和，我一開口就劍拔弩張；妳是煮婦，我是外食族；妳早睡早起，我熬夜爆肝。妳一生最長的職位是家庭主婦，我則是跑遍科技公司與產業現場的記者。怎麼看，我們都不像走在同一條路上的人。

但我成為媽媽之後，我們之間那些埋藏得很深的共通點，一點一滴浮上來了。

我摺衣服、擦地板時會哼歌，就像妳煮飯、午睡前也會哼歌。孩子一感冒，我整晚輾轉難眠，明明幫不上什麼忙，還是坐起來巡視他的額頭溫度與呼吸頻率，就像我小時候肚子痛，妳總是在旁邊走來走去，手足無措，還會不時發出客家人才有的嘆息聲：「啊喔～」

妳做事細膩，我常嫌妳囉嗦。以前總覺得，為了房間亂、水龍頭沒關緊就念半天，未免太小題大作了吧。但現在，我卻常常在某個瞬間懂了——原來妳不是在管東管西，而是太在意我們了。因為我也開始對孩子那些看似微不足道的小事耿耿於懷，甚至，把工作的優先順序排在孩子的需求之後。雖然累，但心裡踏實。

當然，我們還是不一樣。妳可以邊煮飯邊顧三個小孩，我現在光是帶一個孩子就已經筋疲力盡，根本不敢想像什麼叫「二寶人生」。妳做菜熟門熟路，我對鍋碗瓢盆則永遠處在迷航狀態。

但有時我也會想，這些共通點，是我拿妳當參考，想像一個好媽媽該有的樣子？還是其實我骨子裡就和妳那麼像，只是以前沒發現？這個問題我也不打算深究了。究竟是雞生蛋或蛋生雞，並不重要，重要的是，我們竟然在我成為母親的過程中，再一次默默重逢。

這一年來，我常常想起妳過世後那次心理治療。那是我情緒最低谷的時候，每天幾乎都起不了床。醫生請我躺在沙發上，帶我做了一次催眠觀想。他下了一個指令，讓我想像妳是陽光，把妳的溫暖注入一顆紅寶石裡，再把那顆紅寶石放進我心裡。當下我雖然努力配合，但心裡其實很難投入，甚至還吐槽：「媽媽怎麼可能變成紅寶石？」那時候的我，根本還沒準備好面對妳的缺席。

但現在，我明白了。

我常念繪本《媽媽，你會永遠愛我嗎？》給孩子聽。裡面那隻小熊問熊媽媽：「如果有一天妳死掉了，我要怎麼知道妳還愛我？」熊媽媽回答：「當你感覺風吹過臉、陽光閃過水面，當你覺得世界美麗，那就是我在你身邊。我是如此愛你。」

是的，我知道。妳生病之後，我最喜歡側著身子，靠在妳身邊，把頭塞進妳的腋下，那裡像個溫暖的洞穴，讓人安心。

現在，我的孩子也愛這樣黏著我，窩在我的腋下。那一刻，我彷彿成了妳，而他，成了當年的我。

那顆紅寶石的能量，也早已變成血液，流進我的心裡。

原來，愛真的會被接住，也會被延續。

媽媽，我是如此愛妳，就像妳當年如此愛我一樣。

喪母筆記 05

站在她曾站過的位置

愛一點都不浪漫，愛是體力活。

- **當你開始照顧小孩、伴侶、年邁的家人或姻親，懷疑自己成為免費勞工的瞬間——這就是媽媽當年的心情！**她從來沒有喊過「累」，但她應該早就累得半死了。你現在明白了，因為你自己也累得半死了。
- 試著回憶過往你未曾深究過的事件，你會重新發現其中蘊涵著滿滿愛的重量，比如，媽媽其實根本不愛看深夜電視新聞，她只是在等孩子返家。**可能感謝、可能釋然，那是超越時空的對話，提醒自己：我曾經被如此深愛過。**

- 當你累到崩潰時，請對著空氣說：「媽，妳當年是不是也想揍我？」**她一定會笑著說：「當然，你活該。」**
- 如果你真的累到不行，請尋求幫助，媽媽當年可能沒喊累，但你不需要重蹈覆轍，**沒有人規定你要當超人。**

其實，
妳從未離開，
妳已經是我的一部分。

Part 6

養兒方知……？

小學的暑假，妳堅持替我們報名泳訓班，即使只剩下中午酷熱時段。除了游泳，我們也陸續學過鋼琴、珠算、繪畫等才藝，現在想想，也許妳是想要有一些自己的時間吧。

孩子一歲以後，我又產生了新的「觀落陰發問清單」，例如，妳到底是怎麼二十四小時跟三個小孩待在一起啊？雖然小孩慢慢長大，不再需要把屎把尿，但活動力增加必須外出放電，各種豬狗嫌的行為舉止更需要親自建立教養規矩，絲毫沒有鬆一口氣的感覺（溫馨提醒，本書出版時，小孩已經三歲半了）。

恢復半工半育兒作息之後，某日，我得了超級嚴重的感冒，鼻涕倒流、眼睛腫脹、耳鳴，以及伴隨石頭在腦子裡滾動的那種頭痛。工作時，要嘛頭痛到不知道自己在說什麼，要嘛在耳鳴狀態聽到自己變形的聲音在腦海中迴盪，一樣不知道自己在說些什麼，但還是必須撐著完成每一場採訪。育兒時，帶孩子去室內兒童樂園玩耍，孩子們的尖叫像是把腦袋裡的膿包刺破一樣不適，但還是撐到結束，帶他去圖書館講了半個小時的繪本故事。終於熬到週末，有體力也有心情在公園裡撿落葉、用樹枝串起來，領著他玩烤肉遊戲。看著孩子的笑容，身體不適的感覺也減輕不少。

其實，身為自由工作者的生活不是全然自由，但可以依據需求彈性調整，兼顧家庭與生活。媽媽也不一定得永遠跟小孩捆綁在一起，我可以在分開的時候用力放鬆，並讓自己豐盈地回來繼續給予。

現在我懂，媽的人生是靠意志力在守護價值的。

像妳那種媽媽

都說生了孩子能夠治癒各種文藝少女的無病呻吟，但產後的第一年冬天，我竟然為了一份聖誕禮物而感到憂鬱無比。

歲末年終正是邪惡資本主義大舉搶劫荷包的時刻，從十月起，全台各地百貨公司週年慶輪番開跑，接著電商平台的各式「造節」登場，十一月有「雙十一」、十二月有「雙十二」、國外還有「黑五」折扣，接著就是聖誕節，全台各地都點亮了聖誕樹。

我的購物車裡也塞滿各式各樣的待買商品，只是落落長的清單全都與小孩有關，我一方面想著：「應該買點什麼給自己吧？」但一方面，竟然想不出自己最想收到的禮物是什麼！我為此而很不開心。

過去三十幾年來，我總是自認為有品味、懂生活，知道哪裡有好吃的餐廳、好看的衣服，認真賺錢就是要認真玩耍，錢可以再賺但自己絕對不能虧待，但是，怎麼孩子出生不到一年，我就連挑個禮物給自己都如此茫然？我是不是正在丟失原本的自己？

很抱歉這麼說，我覺得妳很偉大，也很感謝妳為了家人奉獻出全部的自己。但與此同時，我也非常很清楚，自己一點也不想成為妳。妳結婚後就成為家庭主婦，替丈夫與三個孩子貢獻全部，直到中年之後才出外在餐飲業打工，經常感嘆自己太晚出社會體驗，竟然到這把年紀才懂職場走跳該懂的江湖一點絕。

還記得十六、七歲的青春期之後，我也不免厭煩於妳的頻繁關懷，妳希望能提供墜入情網的我一些感情建議，我總是沒好氣地打斷妳：「妳第一個男朋友就是爸爸，妳懂什麼？」妳抱怨職場鳥事，我也經常不耐煩地說：「本來就是這樣，妳怎麼會不知道？」更別提住在外地時，空巢期的妳在家無聊、經常打電話來連珠炮式的發問：「阿妹，妳在做什麼？吃飯了嗎？怎麼都不知道打電話回家呢？」

那時的我，無數次告訴自己，長大以後一定要擁有自己的事業，才不要跟妳一樣，成為整日圍繞著老公與小孩打轉的女人。只是，當時的我不知道，多年後自己也成為母親之後，會愛上「媽媽」這份工作，同時，又很貪心地持續愛著寫作。

孩子出生半年後，我恢復接案工作，趁著下午家人有空幫忙照顧小孩的時刻採訪寫稿。如果工作量比較大，就等晚上孩子睡了，再爬起來挑燈夜戰。有一段時間孩子夜間經常啼哭，我只好盤腿坐在桌前，左膝上放一個軟墊，支撐抱著小孩的左手，右手繼續敲著鍵盤。就這樣，除了日常的稿件邀約與自媒體創作，孕期我孵了一本書、產後再生了一本書，寫了十幾萬字。

不累嗎？當然累。只是，媽媽是世界上最知足的生物，只要孩子一個微笑就足以讓我們融化，只是放風吃一頓速食就能讓我們感到身心愉悅；但是媽媽又是世界上最貪心的生物，明明從自己身上切下來一塊肉，卻又奢望還能保有當初完整與獨立的自己。什麼都想要的結果，就是把自己搞得疲憊、迷茫、愧疚。

那個月的身心科回診，我告訴醫師，我好像太貪心想要兼顧工作與育兒，所以把「自己」壓縮得好小好小，我很擔心，我會不會從此失去原本的自己？

「其實不用緊張，每個時段能夠滿足自己欲望的方式與程度都不相同，也許此時此刻的自己，只要能滿足孩子的需求就很開心了。」醫生很平靜地說，或許現在的自己物欲真的很低，也沒有動力打扮自己，那就試著接受自己現在的樣貌。也許一段時間之後，就會有其他想要實現的目標，也可能什麼都不想做只想躺平，或者開始覺得帶小孩有點煩、有點膩，又會開始想出去玩了。

小孩在變化、媽媽也會變化，不一定是我們適應孩子，孩子也要適應我們。只要關照每一個當下的自己有什麼需求，就是在做自己。

媽媽，妳會不會就是太在意孩子們的需求，才會在我們長大之後感到如此寂寞？我真的，對此感到非常抱歉。

那個冬天支持我向前走的信念只有一個：我很愛妳，但我不想、也沒有那個能耐，成為百分之百跟妳一樣的那種媽媽。

像我這種媽媽

事隔五年，我又再次來到清邁。

在距離清邁市區一小時車程的清道山上，我遇見一對來自西班牙的夫妻，帶著兩個未滿三歲的孩子旅行。聽到我把一歲三個月大的兒子放在家裡、拋夫棄子來泰國旅行十天，那位媽媽豎起大拇指說：「每個媽媽都需要一段自己獨處的時間！」

這話說得沒錯，來到清邁後，我到山上的小木屋看雲海而眠，前往金三角在湄公河前發呆看著對岸寮國，在傍晚的河岸邊坐吃火鍋，想按摩多久就按摩多久，每天都過得像是單身那樣快樂。

但出發之前我其實焦慮無比。

買機票之前我很焦慮，應該一個人去還是帶孩子去？我先評估自己的能力，這是我第四次去清邁，加上曾在這裡居住一個月，我了解此地的生活機能，也確定當地人對孩子的態度都很友善。我認識幾位當地長住的泰國人與台灣人，如有緊急狀況應不至於孤立無援。我可以帶他去，我辦得到。

可是，「做得到」不代表「必須這樣做」，我應該問自己的內心：此時此刻的自己，比較想要一個人、還是帶著孩子旅行？而不是為了得到外界的理解，或者為了證明自己而去選擇。每天、每天，我點開機票比價網站，點啊點、查啊查，過了好幾個星期才終於決定「我要自己去」。

買完機票以後我更焦慮了。即使沒有任何人反對，我的心裡依然覺得有哪裡怪怪的。孩子出生後，我也曾經在台灣出差，時間從三天兩夜到五天四夜不等。但那都是為了工作，這次是單純為了旅行把小孩丟在家裡，我不斷問自己：這樣的我，還是個合格的媽媽嗎？

妳確診癌症那一年，大手術後在醫院休養將近一個月，一返家就遇上農曆新年。作為客家媳婦，過去二十幾年的新年妳總是忙進忙出，打理二十幾人的飯菜，我們希望妳好好休息，於是開始進行「除夕夜去住飯店吃團圓飯」計畫。

但妳並不領情，整天唉聲嘆氣、愁眉苦臉地連番大哉問：「不在家過年會怎樣嗎？」、「祖先會不會生氣呢？」、「親戚朋友會怎麼看我們呢？」、「飯店很貴吧！還是不要好了！」幾經溝通，妳才勉強答應，但仍然堅持除夕當天拜完祖先才可以出發。

當時我氣噗噗的質問妳：「有人規定過年一定要在家嗎？」、「人家怎麼看我們，很重要嗎？」覺得妳真的很煩，怎麼會讓自己被困在舊社會的習俗裡頭呢？現在我才知道，原來妳怕的不是他人的閒言閒語，而是過不了自己心裡那一關。

但是，抵達飯店後，我卻看到妳難得一見的興奮模樣。打開房門，妳直直奔往床上撲倒大喊：「哇～好大張的床～太爽了！」那晚的年夜飯，妳不再為了菜色奔波，而是氣定神閒坐在桌邊，舉起茶杯跟我們一起乾杯。隔日大年初一，妳再也沒有跳針般地問：「那些親戚朋友會怎麼看待我們？」

清邁之旅的出發日，連日熬夜加上心理壓力，我因為脹氣在桃園機場check-in的長長隊伍之中蹲著乾嘔，嘔到眼眶泛淚。到了清邁，直奔旅館睡了一個下午，我覺得好多了，傍晚出門沿著古城的護城河散步，這對我來是一種儀式感，因為我第一次造訪清邁，就是繞著古城跑一圈揭開序幕。

河面倒映著一旁車流的閃閃燈光，我走過有名的爵士音樂酒吧、人潮眾多的火鍋店，燈光照在磚紅色的城牆上，風很涼，把樹葉吹得沙沙作響。

最後，我迎著舒服的涼風走回旅館，簡單收拾了行李，跟年輕單身時一樣充滿期待地收好行李，準備隔天搭乘沒有冷氣的當地公車前往清道山上探索。

我想，那一次沒有在家過年，妳一定也經過一千次、一萬次內心煎熬，才終於放下在心上壓了三十幾年的執念，那一年妳已經五十五歲。而我在四十歲之前就理解這份如魔般糾纏母親的執念，也擁有家人的支援去追尋自我，非常幸運。

不是一直待在小孩旁邊的人才是好媽媽，打卡時數更不是母親是否盡責的唯一衡量指標。我非常明白，要當好媽媽，我得先成為一個快樂的人，也因此有勇氣短暫消失幾天，去探索沒有孩子的世界，釋放我的軟弱，感受有限度的自由。

第四次來到這個曾經接住我的城市，清邁不一樣了，我也不一樣了。能夠像妳、也能夠不像妳，都是我莫大的幸運。

我們同一國

兒子可以穩穩地走路之後，我開始帶他跑台北上親子課程。每個禮拜二，一大早先去上音樂律動課，再去旅館開房間睡覺，接著在台北選一個地方玩到天黑，我稱之為「台北探索日」。

我們去兒童樂園，雖然未滿兩歲的小孩能玩的遊樂設施不多，但光是旋轉木馬就足以讓孩子瘋狂。第一次去，我得跟他擠在同一隻旋轉木馬上；第二次去，我只需要站在旁邊確保他坐好坐穩；第三次去兒童樂園，他挑了一隻海馬，然後說「媽媽去坐旁邊」。也許下一次去，我就可以站在外頭對著騎馬的他揮手說哈囉；再下一次，他就叫我滾蛋，自己帶女朋友來復古約會趴了。

我們也去動物園，超級熱的夏天，汗流到眼睛被鹹到睜不開，但我們看到大象、長頸鹿、獅子，小孩興奮地抓著欄杆大聲的喊叫：「吼～我是霸王龍～」（但動物園裡沒有恐龍啊。）傍晚的時候去坐貓空纜車，推著嬰兒車的媽媽可以走快速通道直接登上車廂，坐到貓空再坐下來、毫無目的的在車廂裡唱歌：一閃、一閃、亮晶晶。

更多時刻，我們拜訪各式各樣的公園，吹泡泡、躲貓貓，或是撿地上的樹枝與葉子來玩耍。一直玩到游先生下班來接我們回家，上車以後，母子倆多半立刻呼呼大睡。

雖然肉體累到爆炸，但我的內心卻無比滿足。不僅是因為孩子的笑容療癒了我，也因為自己趁此機會重新實踐理想中的童年。

我們三姊弟雖在台北出生長大，但在全職媽媽妳的全心照顧下，仍擁有多采多姿的童年。妳很節省，很少帶我們進行要花錢的活動，但妳也很勤勞，幾乎每天都會帶我們去家附近的大學校園散步、打羽毛球、溜冰。弟弟從小有嚴重的氣喘病，妳經常帶我們去爬山，那時象山還不是「網美山」，登山步道全是民眾自發鋪建，我們在山上抓昆蟲、搖呼拉圈、打羽毛球（到底多愛打羽毛球？），然後弟弟的氣喘真的就好了。（神奇！）

偶爾妳也會帶我們坐公車去探險。坐266號公車可以去國父紀念館，（看別人）放風箏、看憲兵交接踢正步。坐37號公車則可以去仁愛路圓環，別人去圓環吃雙聖冰淇淋，我們去新學友書局坐在走道上看白書。（特別聲明一下，家裡也是有買很多書啦！也有訂閱《新學友兒童週刊》喔！）

對於小小的我來說，最期待、也最有儀式感的行程，絕對是去忠孝東路的Sogo百貨看報時秀。百貨大門上方的小小世界鐘，每逢整點前五分鐘，時鐘的數字便隨著布穀鳥的叫聲開始翻轉，藏在其後、代表世界各地的人偶一一出場，在「世界真是小小小，小得非常妙妙妙，這是一個小世界，小得真美妙！」

的旋律中起舞。

長大以後工作忙碌的我，即便經過 Sogo 百貨也總是來去匆匆，不再有興致駐足等候，直到「台北探索日」的出現，這段回憶才重新回到腦海。

於是，我推著嬰兒車來到 Sogo 百貨。

小時候覺得廣闊又氣派的一樓廣場，不知道為什麼好像縮水了。雖然也有幾個帶著孩子的家庭在等候，但跟記憶中人潮滿滿、眾人引頸期盼的畫面也是不同光景了。

鐘聲傳來，音樂響起，小人偶們從數字背後慢慢現身，原來，小時候認為的翩翩起舞，其實不過是機械式的擺動而已，但我兒子還是看得一愣一愣笑呵呵。

「到底誰要看這個啊？」游先生不解地說道，畢竟對他（與游家所有人）

來說，〈小小世界〉不是〈小小世界〉，而是〈交通秩序歌〉，他們四姊弟可以齊聲合唱「清早上學去／走路守秩序／大家靠邊走／路上別遊戲」，就像我們三姊弟對於家裡故事錄音帶的內容能夠倒背如流一樣，一起成長的手足總能用獨特的共同回憶劃分出清楚的陣線壁壘，只要說出暗號，就能證明我們是同一國。

我總是想要帶孩子複製自己童年裡愉快而經典的那些畫面，但卻無從得知當時妳是抱著什麼心情去安排這些活動。不過，我兒子開心所以我很開心，既然我是開心的，妳應該也是如此吧。

妳、我、我兒子，我們現在同一國了。

愛的真諦

從標題看起來，這好像是一個老掉牙的故事，但卻是千真萬確的真實事件。

那天晚上，我跟老公吵架後，心情鬱悶地跑到客廳吹頭髮，希望給彼此一些冷靜的空間。我把吹風機的風量開到最大，吹著吹著，客廳那面釘滿了來自世界各地明信片的牆上，有一張掉了下來。

撿起一看，上面寫著十四個字：「百年相守，要感恩、學習；要原諒、關愛。」

那是八年前，我們在沖繩舉辦婚禮時，妳寄給我的明信片。當時覺得真是長輩的八股祝福語，如今卻讓我熱淚盈眶、雞皮疙瘩掉一地。因為，妳的這句話就像預知了未來，一語道破了婚姻的真相。

有了孩子之後，婚姻關係就像上了年紀的肌膚保養，需要花費更多的時間與精力，卻未必能保證不會惡化。

孩子出生後，我的婚姻從一齣相愛相殺的愛情喜劇，變成了殘酷職場劇，每天都像在處理辦公室裡的利益衝突，一點也不浪漫，只有神傷。

如果你和同事一起負責一個重要專案，對方卻常常出包，你會不會看他不順眼？如果同事每天臉色都像大便，你的情緒會不會被拖著走？如果職務代理人動不動就請假，你會不會覺得不公平？如果同事替公司賺進很多業績，卻從來不參加例行會議呢？

有時候，我真的會忍不住用職場的角度來審視我們的婚姻。管理大師說，不要和同事有太多私下交情，但在育兒這個燃燒生命的專案裡，夫妻根本沒有「公私分明」這種事。

育兒的每一天，我和游先生都會為了責任分工、教養觀念，甚至一些雞毛蒜皮的小事吵架。有段時間，我常常含著委屈或怒氣入睡，隔天醒來卻也懶得計較。如果是二十幾歲的我，一定會覺得這樣很窩囊；但現在的我們，真的沒什麼體力，也沒什麼時間再去論輸贏——我們有更重要的事情要一起完成。

當我被這些現實壓得快喘不過氣時，心裡會自然浮現妳的身影。妳生前喜歡寫日記，我常笑妳喜歡寫流水帳。每次偷看，妳的日記不是在寫老公如何、小孩如何，就是兄弟姊妹來電閒聊如何，反而很少提到妳自己。如今想想，那些流水帳裡有快樂、成就感，也有悲傷、無奈。妳沒有寫在日記裡的事情，如今我一件一件在懂。

孩子出生以後，我跟游先生就這樣吵吵鬧鬧但又互相支援，一起走過孩子第一次發燒、第一次送急診、第一次從床上滾下來、第一次上學、第一次腸病毒停課七天、第一次腺病毒連燒七天。在這些亂七八糟、莫名其妙、瘋狂又荒謬的日子中，孩子一天一天地長大，解鎖一件又一件任務。在孩子崩潰的哭臉與療癒的笑臉之間，日子似乎又不至於沒有期盼。或許，這就是我們婚姻的模樣——不完美，但真實。

有一次的工作訪談，某位企業家曾經告訴我他的人生哲學。他說，年輕時拚的是成就與財富，但到了老年才發現，真正有價值的人生，是學會變得更利他、讓心變得更柔軟的修煉之路。

某方面我是贊同的。人人都說家是溫暖的避風港，但如果沒有港，這個溫暖的故事就會變成暴風雨意外事故。從單身、結婚、失去妳，再到生孩子，我也從避風港的受益者，慢慢轉變角色，一磚一瓦地摸索如何築港，替自己的孩子遮風擋雨。過程雖然辛苦，但帶來的滿足感卻是此生未曾體驗過的踏實，比完成一趟挑戰型旅行，或寫出一篇獨家報導更有成就感——也更出乎我意料之外。

所以，每當盛怒時，我總會想到那些游先生在我這裡儲值的「愛妻點數」，那些在我需要時義不容辭伸出的援手。在妳病危時，經常陪伴妳的他；在我憂鬱爆發時，讓我裸辭去清邁 long stay 的他；在家人要出售不動產時，帶著我委託、議價、成交，並到靈骨塔跟妳稟告的他。這些回憶讓我逐漸冷靜，至少不會真的奪門而出。

媽媽，妳沒有在辦公室裡上過班，但妳一定能懂這些。我與游先生都有工作，雖然我的年薪略遜一籌，但自由與彈性卻是我們經營家庭時的一大助力。可是，即便如此，在討論家中大小事的過程中，我仍常常需要努力證明：即使不是主要經濟來源，自己的意見也值得被聽見。

成為媽媽之後，我才愈來愈明白，妳當年的平凡選擇，背後所承擔的重量。在家庭主婦的勞動價值不被看見、讚賞的年代，妳依舊每天笑嘻嘻地面對我們，穩穩地把家維持得像港口一樣安全、乾淨。坦白說，當媽媽愈久，我愈對妳感到佩服，也愈感恩，自己曾是那樣一座港口裡被庇護的小孩。

雖然我每天都很想把游先生的頭按在馬桶裡，並按下沖水鈕，也經常靈魂拷問自己：「為什麼要結婚？為什麼要生小孩？」但，至少我們仍然一磚一瓦努力築起屬於我們的家。到目前為止，如果讓我重新選擇一次，我還是會選擇嫁給他，並且生小孩。（希望他看到這段文字不要屁股翹得太高。）

所謂愛的真諦，不是童話中的浪漫完美，而是在日復一日的柴米油鹽中，仍願意一同築起家的港灣。

遺傳是個迴力鏢

早上八點，幼兒世界名曲〈Baby Shark〉已經在我兒子耳朵旁邊播放超過十分鐘了，我確定他還有呼吸，但眼皮連動都不動一下，泰山崩於前而色不變，真是做大事的人才。

活潑歡樂的背景音樂，搭配生父不耐煩的怒吼聲「起床！」，哎，我被吵醒了，睡眼惺忪地介入把小孩搖醒，游家小公子開始爆哭，「我不要起床！」、「我不要換尿布！」、「我不要吃早餐！」。歷經折騰把大小公子送出家門，我早已睡意全消。

哎，如果妳看到我的處境，一定會笑到連骨灰罈都裂開吧。

災難起於孩子滿兩歲後開始上幼稚園（對，現在兩歲就可以上「幼幼班」囉）。早上整頓孩子的工作大多是由妳女婿游先生來執行，因為我太廢了，光是讓自己離開床就足以耗費百分之九十的能量，就連刷牙洗臉都是靈肉分離的狀態完成的，如果要我替孩子著裝，可能會把尿布包在臉上，襪子穿在手上吧。

游先生有次抱怨：「妳好歹幫忙一下吧？」

我：「做不到，我十六歲以後就沒有在早上七點起床了，現在可是我人生的巔峰呢！」

游先生：「……」（無言）

他以為我在推卸責任，但我真的沒在開玩笑。如果能夠觀落陰與死去的親人連線，妳一定會瘋狂舉手替我作證。自從國小六年級迷上深夜廣播節目「夜光家族」之後，我就成為晚上不睡覺、早上起不來的超頑劣小孩。（呀比！）

我最經典的「睡神」事蹟，就是讀國中的某日清晨，我一邊疑惑怎麼沒人叫我起床，一邊走進廁所瞅見蠟燭與手電筒，才知道前一晚是九二一大地震。據說，在當晚猛烈的地牛翻身中，妳跟爸爸慌張地跑到我房間門口，發現我竟然毫無知覺地酣睡，目瞪口呆之餘，竟然決定「那就繼續讓她睡吧！」，沒有叫我起床準備逃生，不禁讓我想問，我真的是親生的嗎？

因為太會睡了，高中時，我特別選了一間距離家裡只要六、七分鐘車程的學校，但完全無濟於事。每天早上妳都氣急敗壞地進房間，一邊罵人、一邊把我身上的棉被搶走拖出房門，這時，我才會心不甘情不願地起床梳洗，跟著臉超臭的爸爸一起出門。哎，十幾歲的少女哪懂得爸媽周旋在職場與家庭之間的壓迫感呢？每天搞得天怒人怨、親子關係緊張。

但我也很佩服自己的自知之明，不會輕易讓自己落入絕境。大學畢業以後，我深知自己不是不能早起，而是不能日復一日的早起（？），所以一直從事不用打卡的記者工作，甚至進階發展為連家門都不必跨出的自由撰稿人。正當我以為「早起」已經在我人生中絕跡了，豈料，生了小孩以後一切風雲變色。

「快點睡覺！」、「不要再講話了！」、「眼睛閉起來！」每天晚上，我都哄睡哄到失去耐心，從溫柔講故事的媽媽變成大吼大叫的媽媽。「起床！」、「快點！」、「我要自己出門不理你了！」隔天早上，我又會叫到火冒三丈，腦中想著，我都起來了，臭小孩快點給我滾下床！

即便後來孩子慢慢適應團體生活，我不必天天參與「送公子進學校」行程，但，我還是無法重拾睡到飽的生活。因為，只要我還躺在床上，孩子就會如磁鐵般黏在我身邊，更難起床。

這正好承接生父無處發洩的怒火：「你們母子倆個真的同一個德性！」欸，我覺得他很奇怪，小孩從我肚子裡面出來的，不像我，難道像隔壁老王嗎？

除了「起床困難」，小孩上學對我最大的挑戰還有「作息調整」。由於下午四點就得接小孩放學，為了抓緊時間工作，我被迫轉型為晨型人。但事情哪有那麼簡單？先不提初期總是昏昏欲睡效率低落，我甚至連早上八點能去哪裡工作（除了星巴克）都不知道！因為，過去幾十年的歲月裡，早上八點的時候，我不是在睡覺，就是在前往採訪地點的路上！

某個冬日早晨，我坐在便利商店等咖啡店開門，那是一個標準的冬季基隆街景，看著窗外的雨像不用錢一樣拚命往下倒，我懷念著溫暖的被窩、家裡的暖氣，腦中的跑馬燈字幕大概是：「我是誰？我在哪？我為什麼在這裡？」

然後我腦中得到了答案：「妳以為媽媽想要把妳的棉被拖到客廳嗎？」、「妳以為爸爸很想載妳去上學嗎？」

哎唷，原來生個孩子就能徹底感受何謂因果循環報應不爽，連我自己都覺得有點好笑，若妳真能地下有知，那……就盡量笑吧！！！！

媽媽，妳想外婆嗎？

「哇！幾百年沒有來海生館了欸！」

「妳上次來是什麼時候？」

「欸，好像……好像是我媽還在的時候欸。」

冬日的避寒之旅，我和游先生帶著孩子拜訪墾丁海生館，孩子快要兩歲半，我們不必抱著他，但得邁開步伐追在他身後奔跑。當我們經過海生館最具代表性的場景——巨大藍鯨從水面躍出的戲水池廣場，冷不防，回憶開始在我的腦海倒帶，上一次經過這個廣場已經是整整七年前的事了，那時我們全家打算去墾丁慶祝父親節——我指的是爸爸、妳、我們三姊弟的家。那時候妳還在世，正在抗癌。

夏天出遊的風險就是颱風攪局，那次我們搭高鐵到了高雄，才知道有個渾厚扎實的颱風正在逼近台灣，但大概因為我們的家裡已經颳了三年的颱風，大家根本不害怕，有共識地繼續南下恆春半島。畢竟，妳的病是不會好的，每一次慶祝節日，都可能是最後一次全家齊聚。

回想起來，除了爸爸想在颱風天偷偷去觀浪惹我發怒之外，這趟旅行好像沒有什麼印象深刻的記憶點。因為在此之後，時間軸開始快速地轉動起來，妳被宣判癌細胞再度擴散至骨頭與全身，我也在後來的一場旅行與游先生相遇，光速於三個月之內閃婚。隔年，我們一月在沖繩辦婚禮，三月在台北家宴，五月基隆的家裝潢落成，我還邀請全家人來家裡作客。但七月時妳住院，八月，妳就走了。

一件一件事情輪番重擊，光是站穩都不容易，其實根本沒有時間回憶歌舞昇平日子裡的小旅行。直到這天，看到孩子在海生館的廣場上奔跑，我的記憶就這麼毫無防備地湧上來了。

嘿，媽媽，那時候風強雨大整個人被吹到東倒西歪的瘦皮猴如我，如今已經是在陽光下追著小孩跑的圓滾滾母親了，這不免讓我有點感傷。

還好，用不了多少力氣感傷，回憶很快就被兒子令人窒息的愛所覆蓋。那天晚上在飯店的床上，兒子照例撲向我發動猛烈親親抱抱。快要兩歲半的他熱烈愛慕著我，每天都會各種親吻、告白、擁抱，求生意志遠遠超過他的父親，我突然很想跟他聊聊妳。

這樣說有點怪力亂神，但孩子一歲多的時候，他清楚表示自己記得外婆，也可以辨認出照片裡的妳，可是兩歲的日子愈過愈長，他慢慢不知道妳是誰了。

兒子：「媽媽！我愛妳！」

我：「那你愛外婆嗎？」

兒子：「不要！我愛媽媽！」

我：「你可以愛媽媽，也一起愛媽媽的媽媽呀。」（鼓勵當渣男？）

我們的對話不一定是有邏輯的，就是一個無聊母親與一個正在發展語言的兩歲兒的各種亂聊。此時，他突然冒出大哉問，實在讓我猛然一驚。他說：「媽媽，妳很想外婆嗎？」

這個問句有些超出他當時的語言能力，也超出平常我跟他聊的範疇，但沒事，我 hold 得住這個話題。在異國被問到來自何方時，我總是意氣風發語帶驕傲地說：「I come from Taiwan.」現在，我也要帶著這樣的自信回應他。

「媽媽當然想外婆啊。你知道為什麼媽媽是這麼厲害的媽媽嗎？因為你有一個非常棒的外婆喔。」

今天我媽忌日

連續好幾天的餐桌上，基隆的家人們都在討論中元節。在基隆，即便你絲毫不關心傳統節慶，也一定知道哪一天是中元節，因為中元前夜（農曆七月十四），基隆市區會交通管制，大封街辦放水燈的遊行。

「兒子已經兩歲了，應該可以在鬼月的晚上去街上了吧？」游先生問我明天要不要帶孩子上街看遊行，這可是他童年回憶中的年度大事，那時，個子小小的他，擠在人牆後頭跳啊跳的，總是氣嘟嘟抱怨自己什麼都看不到。

「啊！」我突然大叫一聲。

「怎麼了？」妳女婿和孫子被我的叫聲嚇了一跳。

「明天我媽忌日！」我驚叫，是因為我根本忘了明天是妳的忌日。

時間回到那天，婆婆第一次約我去看基隆中元祭的遊行。每年農曆七月十四傍晚，基隆市區許多學校都會提前下課，診所、非服務業的公司也會提早打烊。有點像是以前我還住在台北信義區的時候，每年跨年都要提早滾出公司，不然看一〇一煙火的人會害我回不了家。

基隆的中元祭遊行從晚上七點開始，各姓氏的宗親會準備陣頭花車以及安坐其上的水燈頭，比熱鬧、比人氣、比造型、比創意，基隆在地的團體也會應邀參加，比如儀隊、樂隊、民俗技藝表演等，灑灑明星花露水、丟丟糖果。市區有的人搬椅子坐著，有的人站著，有人跟著隊伍走，我還看過有人一邊看遊行、一邊烤肉，總之那場面是這個老邁的城市難得的熱鬧時刻。

那時我剛搬來基隆，對這全台獨有的特殊民俗節慶甚感興趣，婆婆見了便託人弄來兩張主舞台旁邊的貴賓席票券，約我一起欣賞。我起先很開心地答應，但最後卻失約了，因為那天晚上妳的狀況非常不好，我留在家裡陪妳，隔天早上妳的魂魄就離開了身體。後來好幾年，我對中元祭的活動不再感興趣，講到「放水燈」就眼眶紅。

其實，與其說是思念妳，不如說是排斥想起那些對於我有衝擊性的畫面：沒有靈魂的軀殼，無論觸感、樣貌都與活人截然不同，目睹曾經那麼親密的妳像物品一樣被搬離現場，最後被燒成一小罐白色的粉末，世上再無此人，這引起了我的恐慌。

深受喪母之苦時，許多人曾跟我分享他們的經驗。其中一位昔日長官的分享讓我記憶猶新。他說，每個人的悲傷重量都不相同，甚至，面對同一個逝者，至親的反應卻可能截然不同。比如，每個人有的人選擇遺忘，隻字不提宛若禁忌；有的人選擇記得，保留一切細微線索。我想那時的我應該是後者，不斷地反芻與書寫來提醒自己曾經也是有媽媽的人，甚至夜夜翻著雲端相簿裡媽媽的相片集錦，希望透過自己的記憶來證明妳還是存在、未曾消失。

這樣的我，怎麼會忘記這一天是妳的忌日呢？

仔細回想，這一切不是突然發生，而是滴水穿石般，我是慢慢、慢慢……一點一點地忘記妳的。不知不覺之間，妳像是一部電影，從4K高畫質變成低畫質，然後定格成一張照片，漸褪色變成黑白，最後一點點一滴滴地模糊。現在的我若說「我想妳了」，我不是想起特定的事件、畫面或情節，而是像一種儀式，妳只是一個名字、一種象徵、一種精神，甚至，一種慰藉。

但我似乎不再害怕了。雖然關於妳的記憶慢慢模糊，但同一時間，孩子的生活片段卻在我心裡堆疊起一層又一層新的記憶。跟小珍珠一樣的新生兒小腳趾，慢慢長得跟小番茄那般大；他身上香香的奶味，開始變成酸酸的汗臭味；曾經費力地學抬頭學爬行，現在跟脫韁野馬一般狂奔跳躍。他的舉手投足、眉宇神情都有我的影子，甚至有一天志得意滿地告訴我，他把不想吃的青菜含在嘴巴裡，差一點就可以不被老師發現偷偷吐掉。天啊！那就是我小時候最擅長的壞事啊。

媽，我又重新開始過中元節了，很遺憾放水燈這天也是妳的忌日，但我想，在海上波瀾之間漂出海外的水燈，也能夠算是對妳的祝福吧。就像孩子不能亂生，媽媽不能亂認，最後，妳會慢慢成為我的一部分，我也會慢慢成為妳孫子的一部分，或許，一代又一代帶著愛與關懷的生命延續，就是我們曾經存在的證明。

喪母筆記 06

她其實未曾離開

當你發現自己活成媽媽的翻版時，請冷靜，這是正常現象。

- 你終於有餘裕對媽媽的過去充滿好奇，雖然已經無法跟本人求證，但你可以整理媽媽的舊物、跟親友聊聊她，你會發現**媽媽不只是「媽媽」，她也是一個完整的人。**
- 你可能在用吹風機把孩子的衣服吹熱的瞬間，驚覺自己表達愛的細節，幾乎與媽媽如出一轍，也可能在無意識脫口而出「這樣會感冒噢！」之後暗自驚嚇：「**X！這不是我媽說的話嗎？**」這就是遺傳的力量。

- **是時候進行喪母俱樂部的終極任務：找到你與媽媽之間專屬的記憶儀式，這個儀式不需要很隆重，但必須是你的。**可以是沿著她最愛的路線散步、想像邊走邊聊天，也許是去她最愛的小吃店來一碗麵，想像她對你說：「這家還行！」或許這樣的儀式感也有機會傳承給你的孩子。
- **這不是告別，而是一種全新的陪伴方式。**媽媽不會再像從前一樣出現在你面前，但她的愛已經變成你的一部分，繼續留在你的生命裡，成為你的力量。

後記

謝謝你買了這本書，還願意一路讀到最後。

寫這本書的過程比我想像中還要漫長，也比我想像中還要難。曾經有朋友跑去書店指名要買這本書，店員一臉問號：「沒有這本書啊？」朋友滿腹疑惑問我：「妳不是去年就說要寫？我以為已經出版了……」我只好很不好意思地說：「欸……我還在寫，還沒寫完啦。」

現在，總算可以拍拍胸口說：「真的寫完了！」

雖然一直從事寫作工作，但寫自己的故事總是千難萬難。七年前出版第一本書時，我剛離開記者生涯，秉持一股熱情傻傻地往前走，抱著一百本書走遍全台灣，也因為擔心滯銷會害簽下我的編輯去賣血（我當時真的有做這個惡夢哈！），開始認真經營社群媒體，單純希望能多賣幾本書。

七年過去，這次再度寫自己的書，題材從「旅行」變成「生死」，坦白說，我的內心比當年更焦慮，寫作過程遭遇的關卡也比想像中更多。但與此同時，我也比過去更篤定，知道自己為何而寫，也知道這些文字該去的地方。

雖然很八股老套，但請讓我把這篇後記當成（有點冗長的）金馬獎得獎感言，寫下我的種種感謝：

謝謝讀者們。

謝謝曾經支持過《廢物旅行》的朋友們，因為有你們的肯定，我才有動力繼續寫自己的作品。母親過世後，無論是關心我身心狀態的朋友們，或是後來陸陸續續跟我分享喪親經驗的朋友們，這些談話，是我決定要寫這個主題的關鍵。也謝謝茫茫網海中遇見的粉絲們，在演算法不斷更迭的情況下，還能陪著我在社群媒體上聊天，從少婦變成媽媽，一起瘋獨旅、罵老公、聊育兒，讓我保持一定的微米曝光度。

謝謝讓我能繼續寫作的人。

謝謝《天下雜誌》牽起的緣分，讓我這個前員工不僅成為替人撰稿的寫手，還被收編為旗下的作者。謝謝這些年來穩定發稿給我的媒體、企業、品牌，你們讓我不必為了案源憂心奔波，抓緊時間好好創作。

謝謝喪母俱樂部成員Ｋ。

我們一起在每個母親節瘋狂抱怨，她還在我去掃墓的時候勇敢接下幫忙帶小孩的任務，我只能說，喪母俱樂部的互助功能真是太強大了。Ｋ也身兼本書的編輯，陪我一起梳理這本書的脈絡，逼迫我寫稿，甚至我們一起出國，當我呼呼大睡的時候，她還在旁邊挑燈夜戰校對書稿。女子漢不輕言愛，但沒有媽媽的我們，依然值得被這個世界慎重款待。

謝謝我最愛的家人。

謝謝豬豬家與基隆游家的家人們，因為你們，我始終知道自己仍然被愛環繞。謝謝讓人又愛又恨的大游先生與小游先生，有機會成立、經營自己的小家庭，萬千疲憊但也幸福無限。

最後，也謝謝我自己。

因為我走過來了，因為我沒有逃避，因為我選擇誠實地面對這一切，然後把它寫下來，並且寫完了。這段路很長，雖然曾經懷疑是否能夠走完，但終究還是走到了這裡，可以雲淡風輕地看著前方，然後繼續向前邁進。

（等等，我還沒講完，請不要把麥克風降下去！）

這本書，獻給正在宇宙某個角落開懷大笑的朱媽王玉秀女士。

雖然她可能正在跟K的媽媽抱怨：「我們的女兒到底還要把我們拿出來說嘴多少次？」但沒辦法，媽媽，這次還是要繼續消費妳，妳應該早就知道，我這個女兒向來無法無天，也只能無奈接受了。

不過，妳知道嗎？我愛妳，也謝謝妳讓我成為妳的女兒！

基隆游太太（Echo）

二〇二五年三月

謝謝你們，讓我成為女兒與媽媽☺

心靈成長 116

失去妳以後，我也成為了媽媽

作　　者／基隆游太太Echo
封面與內頁版型設計／Dinner Illustration
內文排版／邱介惠
責任編輯／楊雅筑、黃惠鈴

天下雜誌群創辦人／殷允芃
天下雜誌董事長／吳迎春
出版部總編輯／吳韻儀
出 版 者／天下雜誌股份有限公司
地　　址／台北市 104 南京東路二段 139 號 11 樓
讀者服務／（02）2662-0332　傳真／(02）2662-6048
天下雜誌GROUP網址／ http://www.cw.com.tw
劃撥帳號／01895001天下雜誌股份有限公司
法律顧問／台英國際商務法律事務所・羅明通律師
製版印刷／中原造像股份有限公司
總 經 銷／大和圖書有限公司　電話／（02）8990-2588
出版日期／2025年5月5日第一版第一次印行
定　　價／400 元

書 號：BCCG0116P
ISBN：978-626-7468-96-8

直營門市書香花園　地址／台北市建國北路二段6巷11號　電話／02-2506-1635
天下網路書店　shop.cwbook.com.tw　電話／02-2662-0332　傳真／02-2662-6048
本書如有缺頁、破損、裝訂錯誤，請寄回本公司調換

國家圖書館出版品預行編目（CIP）資料

失去妳以後,我也成為了媽媽／基隆游太太Echo著. -- 第一版. --
臺北市：天下雜誌股份有限公司, 2025.05
256面；14.8×21公分. --（心靈成長；116）
ISBN 978-626-7468-96-8(（平裝）

1.CST：母親　2.CST：通俗作品

544.141　　114003948

天下雜誌出版
CommonWealth
Mag. Publishing